Reprint Publishing

FÜR MENSCHEN, DIE AUF ORIGINALE STEHEN.

www.reprintpublishing.com

DIE KULTUR

SAMMLUNG ILLUSTRIERTER
EINZELDARSTELLUNGEN

HERAUSGEGEBEN VON
CORNELIUS GURLITT

ELFTER BAND

RICHARD STRAUSS

Mit Genehmigung des Künstlers

Nach der Radierung von Ferago

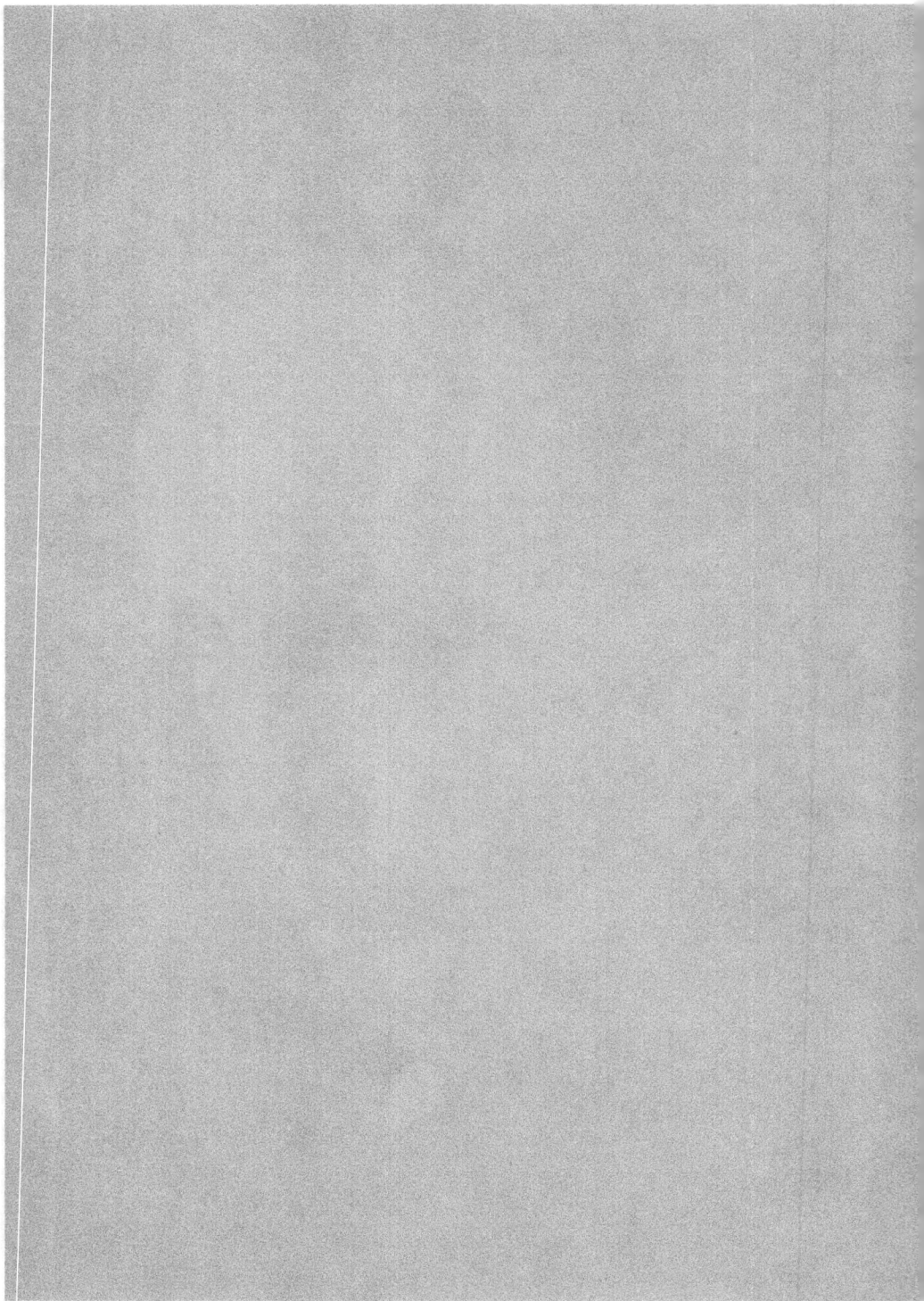

DIE KULTUR

DIE MODERNE
MUSIK
UND RICHARD STRAUSS

VON

OSCAR BIE

MIT ACHT BILDNISSEN UND SIEBEN
NOTENBEILAGEN

BARD MARQUARDT & CO., BERLIN

HERAUSGEGEBEN VON
CORNELIUS GURLITT

DIE
KULTUR

IEBER FREUND. ALS WIR BEI unserm letzten Zusammensein in Deiner schwedischen Heimat, in dem stillen Felsenhäuschen von Salzseebaden die Essais des berühmten französischen Komponisten St. Saëns, die mir als Ferienfrachtgut mit einem Haufen von Noten und Romanen achgegangen waren, durchblätterten, da kamen wir ı die Stelle, wo der Meister, der wie fast alle heutigen ariser Musiker, anders als die Deutschen, auch ein nflußreicher Schriftsteller ist, von dem Haß der ichter gegen die Musik spricht. „Instinktiv hassen e Dichter die Musik, sagte er, selbst die, die sie in ersen besingen, legen ihr große Sünden zur Last nd reden von einer frivolen Kunst, die mit der Mode omme und gehe." Wir waren uns damals klar, daß ı diesen Sätzen nichts enthalten sei als ein Ärger, ne Rache an irgendwelchen Erfahrungen des Komonisten, der sich von seiner literarischen Umgebung ıcht genügend gefördert fühle. Und doch, obwohl ˙ nur persönlich wahr ist, hat mir dieser Satz rein bjektiv viel zum Nachdenken gegeben und ich habe ıich mancher Differenzen und Aufklärungsversuche ˙innert, die in unsern Gesprächen auf dem kleinen uderboote vorkamen. Der gute König Oskar war ıit seiner Jacht in unserer Nähe und wir mußten ˙glich die höllisch schlechte Musik hören, die er an ˙ord führte. Du sagtest, Schweden wäre der Typus

eines unmusikalischen Landes, das über den Begri
des primitivsten Volkstanzes nicht herauskäme. Ic
hielt Dir die große schwedische Literatur entgeger
allein eine Dichterin wie die Selma Lagerlöf, dere
„Jerusalem" das mächtigste epische Erzeugnis unsere
Zeit und wahrlich nicht unmusikalisch sei. Wir kame
auf die moderne Musik, auf ihre Bedeutung für unser
Kultur, auf ihr Verhältnis zur Literatur zu sprecher
und mir selbst wurde in dieser Konstellation manche
erst klar, was ich im raschen Getriebe des musika
lischen Lebens übersehen oder undeutlich wahrgenom
men hatte. Mein Versprechen, Dir einmal darübe
Rechenschaft zu geben, löse ich heute ein. Du has
vielleicht gut getan, mich dazu zu zwingen. Da ic
beiden Künsten in gleicher Distanz (wenn auch de
einen, wie ich nie leugnen werde, mit wärmere
Sinnen) gegenüberstehe, bin ich, wenn es gut geht
imstande, die große Schwierigkeit, über Musik z
reden, durch allerlei Assoziationen zu beheben und
die Kulturstellung dieser liebenswerten, aber rätsel
haften Kunst an einigen Proben tiefer zu verfolgen
Die Literatur stand niemals außerhalb des Lebens
außer in jenen frühen Zeiten, da sie eine Geistes
übung und ein Geduldspiel der Mönche war und
Nonnen lateinische Komödien schreiben konnten. Di
Musik blieb viel länger in dieser Askese. Man kan
sagen, daß sie bis ins 18. Jahrhundert hinein ein
exklusive Beschäftigung innerhalb der Zunft, eine von
Leben ziemlich getrennte Arbeit in der Zelle bedeutete

Als die Literatur längst nicht nur Fühlung mit der
Gegenwart besaß, sondern sogar die Zukunft zu ge-
talten wußte, war die Musik noch eine traditionelle
Meisterkunst, die von einigen Studierten und Aus-
erwählten im Dienst der Kirche und des Theaters
geübt wurde und, so sehr sich das Genie innerhalb
dieser Grenzen betätigen konnte, doch nicht mehr
als ein Ornament des Lebens darstellte. Auch der
große Bach steht noch auf dieser Stufe. Im Geiste
Goethes nimmt die Musik keine andere Stelle ein.
Heute betrachten wir mit einem sonderbaren Vergnügen die ersten willkürlichen, ja ungezogenen
Lebensregungen der Musik, die mitten in einer berühmten Buffooper, dem Mozartschen Don Juan, an
geheimnisvollen Stellen, in der Nähe dämonischer sich
öffnender Abgründe, beim Erscheinen des steinernen
Gastes entstehen mußten. Den Durchbruch aber bedeutet für uns Beethoven. Dieses einzige Genie, das
die Kraft menschlicher Leidenschaft, und zwar ohne
jede Affektiertheit (ein ganz seltener Fall), der Musik
aufdrängte und die Säulen des Architekturpalastes,
den die Musik im 18. Jahrhundert festfreudig be-
wohnt hatte, umstieß, dieses Genie zeigte den Menschen in der Musik. Ich zeige Euch den Menschen
in der Musik, die Töne dienen meinen Erlebnissen,
die Erlebnisse meiner Kunst, meine Kunst mir allein.
Bach war göttlich, dieser war menschlich. Klinger
hat ihn unbeethovensch dargestellt, als er in seiner
bekannten, im Detail so ausdrucksvollen Statue ihn

als einen Olympier auf den Thron setzte. Von ihm
an gibt es nur noch den Menschen in der Musik,
ein anderer Musiker zählt nicht mehr. Sein Fidelio
war keine Komposition mehr, sondern ein Bekenntnis,
so wie es Wagners Werke dann erfüllten. Seine Symphonie war keine Architektur mehr, sondern eine
Malerei, eine Dichtung, eine Bewegung, so wie es
Berlioz, Liszt, Strauß konsequent fortführten. Liszt
war kein Epiker mehr, Wagner kein Dramatiker,
Schumann kein Lyriker, sondern sie schrieben ihre
Memoiren in Tönen. Sie waren europäisch gebildete
Menschen und persönliche Naturen, die es nicht aus-
hielten, sich anders zu befreien, als in einer Musik-
sprache, die vom Leben kam und zum Leben sich
hinwendete. Du verstehst, was das bedeutet: das ist
die moderne Musik. Aber Du verstehst auch, daß
diese Musik nicht so ohne weiteres mit dem Leben
gehen kann wie die Literatur, die es spiegelt oder
formt. Sie hat ihre eignen Gesetze und fordert den
doppelten Triumph des Meisters. Sie hat ihre Vergangenheit und fordert die Empfindung für Stil. Sie
hat ihre zünftigen und schulmäßigen Berufe und
fordert die Auseinandersetzung des äußeren mit dem
inneren Leben. Du kennst gewiß Artur Schnitzlers
neues Drama „Zwischenspiel", das in einer so tief-
empfundenen Dissonanz zwei musikalische Seelen uns
zeigt, die in dem Kontrapunkt ihrer Lebensmusik
von der Selbständigkeit ihrer Berufsmusik bedenklich
und tödlich gestört werden. Das ist ein wahres Sym-

E. HUMPERDINCK.

ol so mancher Differenzen, die wir in unserm musi-
alischen Milieu täglich zu fühlen verdammt sind.
ie Musik als Kunst des Lebens, die moderne Musik
t von einer teuflischen Schönheit: eine „Teufelei",
ie unser Freund Schennis sagt, wenn er das einzige
ebensbild der Musik im Lisztschen Weimar mit seinen
chönen Fingern in die Luft malt.

Wir werden nämlich heute leicht dazu verleitet,
as Wesen des Musikalischen als ein Dekoratives zu
ehmen, weil die neuen Beziehungen dieser Kunst
u anderen Künsten ihr schnell den Ruf eines Ver-
chönerungsmittels einbringen. In Hofmannsthals
Abenteurer und die Sängerin" ist im zweiten Teil
ine so ausgeprägt musikalische Stimmung, daß ein
Componist dabei sofort gewisse Vorstellungen in
sdur haben würde, wie er bei der „Elektra" viel-
icht an ein starkes und doch nervöses Cismoll
enken würde. In den Versen Stefan Georges klingt
ine vernehmbare, aber unausgesprochene Musik; in
en Prosagedichten Rilkes, die ich Dir damals aus
einer Rundschau vorlas, ist der Prozeß der Ent-
icklung des Orpheusreliefs oder der Venusgeburt
anz derselbe in bewegten Erinnerungsbildern, wie
n der moderne symphonische Tondichter vollzieht.
ber das Musikalische in der Dichtkunst ist ein
berton, in der Musik ist es der Ton selbst. Man
at lange darüber gestritten, ob die Musik nur ein
au, eine Arabeske sei, wie Hanslick behauptete,
der nur Ausdruck, nur Inhalt, wie die Theorie Hau-

seggers meinte. Ich glaube, die Wahrheit liegt da
rin, daß sie beides ist, und zwar nicht je nach Auf
fassung und Laune, sondern in ihrem spezifischer
Wesen. Eine Melodie Beethovens ist zugleich Form
und Charakter, Weltenseele und Menschenseele, Bau
gesetz und Ausdrucksfreiheit. Was sonst nie au
der Erde sich vereinigt: hier ist es identisch. Di
Musik arbeitet auf einem feuchten, frühlingshafter
Grunde, wo Gesetz und Wille noch nicht geschieder
sind, und ganz wie die Natur, die sie auch nich
scheidet, wird sie nur von den Plänen der Menschen
die einseitig sein müssen, um kraftvoll zu sein, ein
seitig ausgebildet und verwendet. Wenn wir wollen
können wir die ganze Musik als Mathematik deuten
und wenn wir wollen, als tiefste Seelensprache. Stelle
Dir immer vor, daß diese Kunst beides ist — es is
nicht leicht vorzustellen, selbst für einen Musiker
nicht, der doch im Angenblick des Schaffens immer
sprechen will und dabei ganz vergißt, daß das Mate
rial seiner Sprache kein Kulturprodukt, sondern eir
Naturwesen ist mit seinen eigenen Gesetzen. Es gib
nichts Reizvolleres in den Künsten als diese selt
same Mischung, und ein Ästhetiker, der sie nich
kennt (es sind die meisten professionellen Ästhetiker
voran der große Vischer), hat nie auf den Grund de
Kunst geschaut. Du warst mir einmal sehr dank
bar, als ich Dir am Klavier über die Reihe primi
tiver, aneinander gleichsam aufkletternder Akkorde
die Entstehung harmonischer Färbungen und di

Biologie Wagnerscher Leitmotive zeigte, Du sahest plötzlich einen Schnitt durch Natur und Kultur der Musik, daß Dir die Frage, ob Form oder Inhalt, verschwand. Den Ausdruck, der seine wunderbare assoziative Geschichte hat, wirst Du heute in der Musik nicht leicht vergessen. Aber die Form, deren Gesetze ebenso eine feinste mechanische Verzweigung zeigen, geht dem Außenstehenden leicht verloren, und ich mußte Dir deshalb die ganz eigentümliche Identität von Form und Inhalt in dieser Kunst vorführen, damit Du verstehst, daß sie in ihrem Wesen nichts bloß Dekoratives hat — erstens, und zweitens, daß durch diese esoterische Bestimmung der Musik der moderne Komponist anders als der Dichter zum Leben steht. Dieser beobachtet es von der gleichen Lebensbasis aus, er sieht seine tieferen Zusammenhänge als tieferer Mensch — jener beobachtet es als eine Art Weltwesen, er sieht seine Schwingungen im Universum und ist von Gott gesendet, in einer höheren, metaphysischen Sprache die Freuden und Schmerzen dieser Erde in ihren Himmel wieder zurückzuführen. Wie in der Geschichte der Religion Gott selbst als Stifter immer mehr zurücktritt vor seinen menschlichen Substraten, so ist in der Geschichte der Musik dieser Vermittler immer irdischer geworden, ohne in der stillsten Arbeit seiner Kammer die göttliche Herkunft verleugnen zu können. Dem Literaten gegenüber bleibt er ein Fabelwesen, aus Idealismus und Zunft seltsam gebildet. Als

Brahms das Hölderlinsche Schicksalslied komponierte, schrieb er hinter den pessimistischen Schluß noch einmal die verklärende Musik des Anfangs. Wäre er ein Dichter gewesen, so hätte man ihn der sentimentalen Versöhnlichkeit geziehen, als Musiker durfte er einem höheren Formgesetz folgen, das schließlich gegen die Unbarmherzigkeit der Literatur doch recht behalten wird.

Die Musik ist durch diese Vorgänge zum erstenmal ein Kulturfaktor geworden. Sie dient nicht mehr bloß geistlichen und geselligen Zusammenkünften, sondern sie ist eine Sprache, in der sich die Menschen unterhalten, begeistern und versöhnen. Der Komponist gibt in ihr, bald schüchterner, bald indiskreter, seine Bekenntnisse und das Publikum strömt allabendlich zusammen, um dazu seine Stellung zu nehmen. Da dies nicht immer ohne weiteres geht und sich mehr als in anderen Künsten Schwierigkeiten des Verständnisses herausstellen, gibt man dem Publikum Programmbücher in die Hand, aus denen es lernen soll, die eigentlichen musikalischen Schönheiten zu erfassen. In unseren Konzerten sitzen jetzt die Menschen mit analytischen Schriften, die ihnen Themen, Bau und Auffassung der Stücke erklären. Was sie dadurch gewinnen, verlieren sie an ursprünglicher Aufmerksamkeit. Oft suchen sie so lange nach der betreffenden Stelle, die sie gerade hören, im Buch, oder nach der, die sie gerade lesen, m Stück, daß der ganze Genuß in eine Art Fange-

piel zwischen Auge und Ohr aufgeht. Diese Hörer
ind kaum noch die Enkel ihrer Ahnen, die einst
on der Musik weiter nichts verlangten als ange-
.ehm umrauscht zu werden; ihre erste und letzte
'rage ist: habe ich die Musik verstanden oder nicht?
'rüher gab es beliebte und unbeliebte Musik, heute
ibt es nur verständliche und unverständliche, wobei
.er Reiz des Unverständlichen in dieser nicht allen
.ugänglichen Kunst doppelt empfunden und geheu-
helt wird. Man geberdet sich infolgedessen sehr
.usikalisch. Man erkennt an, daß die Musik keine
.ekoration, sondern eine Sprache ist und stellt sich
.u ihr, wie zu einem Theaterstück in Französisch
.der Englisch, das die Geübten besser verstehen als
.ie Ungeübten. Manches findet man langweilig,
.anches suggestiv, verschämt lobt man eine schöne
.elodie und bei fremdartigen Harmonien verläßt man
.ch auf ein zweites- und drittesmal Hören. Wie
.esagt, man gebärdet sich richtig musikalisch. Nun
.ußt Du bedenken, daß diese an sich nicht falsche
.tellungnahme ihre großen Schwierigkeiten hat. Ich
.ehme Dich als den mittleren Typus des musika-
schen Hörers. Du hast mir versichert, daß Dir
.lusik stets einen starken inneren Eindruck macht,
.aß du nicht auf die gewöhnliche Melodie gerade
.ngewiesen bist, aber doch bei verwickelteren Par-
turen Dich das erste Mal nur soweit zurechtfindest,
.aß Du merkst, ob Du es mit einem „Kerl" oder
.it einem „Affen" zu tun hast. Wie die meisten

heutigen Mitglieder des ehrenwerten Laienstande
bist Du ungefähr auf der Stufe Beethoven, ha
starke rhythmische Genüsse, kennst seine Melodie
innerlich und fühlst ganz nahe seinen großen Geis
der über die Welt mit einem Riesenbesen dahe
fährt. Schumann, dem Du literarisch am nächste
stehen müßtest, bleibt Dir eine feine, etwas undurch
sichtige Welt, Wagner mehr dramatisch als syn
phonisch wirksam. Gegen Wagners Pathos hast D
sogar eine gewisse innere Abneigung. Wenn ic
Dir aber Schubert und die Fledermaus vorspielt
tanzten in Dir ganz leicht und frei die architekton
schen Gefühle des 18. Jahrhunderts, die vor Dein
Bildungsstufe liegen. Wenn ich nun annehme, da
das große Publikum ungefähr dieses Niveau inn
hält (die Annahme ist, glaube ich, etwas schmeiche
haft und bei Wagner müßte ich von Nebensuggestione
reden), so kannst Du Dir dies Vakuum vorstelle
das sich zwischen dem heutigen Hörer und d
modernen Musik bilden muß. Vor der Literatur h
er stets die Kontrolle am Leben, die soviel persön
liche Willkür zuläßt; vor der Musik fehlt ihm e
gleicher Maßstab. Und weil ihm dieser fehlt, denk
er sich ihn hinzu. Er läßt sich von einem ihm ha
fremden Idiom ansprechen und antwortet, ob er
verstanden habe. Der Maßstab dieses Verstehens i
aus Tradition, Suggestion und Assoziation mannigfac
zusammengesetzt. Wo diese drei Faktoren stärker wi
ken, wie bei der Oper und dem Liede, arbeiten s

chneller. Bei der absoluten Musik versagen sie oft ganz,
nd die Leiter unserer Konzerte wissen, wie sie sich in
cht nehmen müssen, dem Publikum nicht zu viel
Teues zu bieten. Hier wahrt die Musik ihre lang-
amen Stilgesetze, als ob sie noch Architektur wäre.
Jicht die Hälfte, sondern neun Zehntel ist hier
Viederholung. Das Thema des Kunstgenusses in
er Wiederholung ist sehr interessant; ich hoffe,
arüber einmal etwas Eingehendes schreiben zu können
nd werde es Dir schicken. Es geht durch sämt-
che Künste.

Wie weit nun das Publikum bei diesem halben
Experiment, das in dem Charakter der Musik seine
chwierigkeiten findet, gut fährt, kann ich Dir kaum
agen. Ich las neulich bei einem angesehenen Schrift-
teller, die auffallende Zunahme des musikalischen
nteresses verweichliche die Sinne der Menschen und
ei kulturschädlich. Das ist sicherlich sehr einseitig.
Tachdem ganze Zeitalter, die Epochen der Renaissance,
em Auge gedient haben, mußte eine Zeit kommen,
ie dem Ohre dient. Das Ohr ist feiner, aber aller-
ings gefährlicher. Wir sind in einer Zeit des großen
Iörens. Die Musik beherrscht heute alle Künste;
1 allen ist musikalisch, was wir davon lieben; selbst
as Leben scheint von ihrem Rhythmus anzunehmen.
Tun wird man von einem so leidenschaftlich musi-
alischen Menschen, wie ich es bin, nicht verlangen,
aß er dies für eine Sünde halte, zumal eben in der
listanz des großen Publikums zur eigentlichen Musik

ein genügendes Präservativ gegeben ist.   Aber da
scheint mir mein Intellekt zu sagen: daß in demselben Augenblicke, da wieder Helden und Herrsche
über die Erde gehen werden, die triumphatorisch
Augenkunst eine hineinfühlende Musik aus dem Feld
schlagen muß.   Musik ist Erinnerung, die Natu
aber ist taub.   Doch wir wollen nicht philosophierer
Du weißt, wie der leidenschaftlichste Dichter de
Herrenmenschen gegen seine innere Musik sein Lebe
lang hat kämpfen müssen, und wie schmerzlich diese
Nietzsche ist.

Ballade aus der Oper: „Tiefland".

Verlag von Bote & Bock in Berlin.
Copyright by Bote & Bock in Berlin.

weinte in die Falten ihres Kleides. Und eines Tages kam ein Mann zu uns, ein lahmer
dim.
Alter. Und wir bettelten zu dritt. Die Mutter und der Alte, sie
schlugen sich und zankten oft ganze Nächte lang. O welch ein Leben voller
Qual war das! Doch eines Nachts gab's keinen lauten Lärm.
dimin.
Langsamer
Still lag die Mutter auf der Erde, stumm saß der Alte neben ihr.

CH WILL LIEBER JETZT VER-
suchen, Dir ein Gesamtbild des
heutigen musikalischen Schaffens
zu geben und erinnere mich dabei,
wie es uns interessierte, auch in
der jetzigen deutschen Dichtung
gewisse Gruppen und Ziele zu-
sammenzustellen, an denen man
sehen könnte, wohin die Zeit sich neige. Als wir
darüber sprachen, meinten wir sofort, die heutige
Literatur, soweit sie Kunst und nicht Schriftstellerei
sei, mache einen Wandel von der stofflichen Natura-
listik in die pathetische Stilisierung durch. Dann
nahmen wir den Index einer modernen Zeitschrift
vor, um diese Meinung im einzelnen zu belegen,
und fanden mindestens das Organ für Form im
Wachsen. Da sahen wir eine Gruppe von Dichtern,
die wahrlich nicht unmusikalisch das Erbe Gottfried
Kellers ausbaut; eine andere, die sich an dem objek-
tiven Stil Goethes gebildet hat; eine dritte, die aus
dem naturalistischen Ton des modernen Schlesiens
zur Legende zurückkehrt; eine vierte, die die alte
Romantik statt in den verachteten Butzenscheiben
in modernen buntflüssigen Tiffanygläsern aufleben
läßt. Wir zählten Dramatiker, die formsüchtig von
unten nach oben, und andere, die stilisierend von
oben nach unten bauen, und wieder andere, die in
französischer Technik das Leben elegant quer durch-
schneiden; und unter den Lyrikern erkannten wir

manche, die die Form mit peinlichster aristokratischer
Sorgfalt als den letzten Ausdruck des Inhalts schliffen
Ich erzählte Dir bei dieser Gelegenheit von der ver
schiedenen Reaktion dieser Dichter auf die Musik
die ich selbst unwillkürlich erprobt hatte. Ich fan
sie bei denen größer, die einen ausgeprägten Form
sinn haben, und bei denen geringer, die sich berufer
fühlen, Lebenskräfte zu steigern. Es war auch inter
essant zu beobachten, daß die stärker Stilisierender
auf ein elementares Instrument, wie das Harmonium
schneller reagierten als auf ein persönliches, wie da
Klavier. Ich fand diese Merkmale dann weiterhi
auch außerhalb der Literatur in der Gesellschaf
wieder. Denn wie unsere Dichter nur die Sprecher
sind von Temperamenten und Neigungen, die durcl
die ganze intelligente Welt unterirdisch wiederkehren
so ist das Verwandtschaftsgefühl dieser Gesellschaf
zur Musik von denselben inneren Einstellungen ab
hängig, die bald die Form und den Stil, bald Inhal
und Charaktere zum Ziel nehmen. Und zwar heu
etwas mehr den Stil.

Ich glaube, wir berührten auch schon die Frage
wie sich die Dichter in ihren Werken selbst zu
Musik stellen, und fanden die gleichen Unterschiede
Hauptmann ruft sie fast nur in schicksalsschwerer
Augenblicken, wo sie schwarz und einsam, wie eir
Stück Beethoven, durch den Raum gleitet. Hofmanns
thal bittet sie gern und freudig zur Dekoration, zu
Belebung, zur Steigerung formell ausgeprägter Szenen

chnitzler nimmt ihr Milieu als einen unwiderstehlich
izvollen und fruchtbaren Lebensausschnitt. Thomas
Iann liebt sie als eine stilgebende symbolische Macht,
riedrich Huch und viele andere nehmen ihre mate-
elle Existenz, den Zwang ihrer Technik, die Farbe
rer Tonarten ohne jeden Laienabzug in die Dichtung
uf. Und je mehr einer von ihnen selbst Musiker
t, desto sicherer verwächst ihm die Musik mit dem
eben, desto weniger leidet sie an der Dekoration, so
ie sie einst E. T. A. Hoffmann Charaktere schuf,
andschaften malte und Stimmungen harmonisierte,
hne darum das Geringste auf seinen Stil zu wirken.

Aus der wunderbaren „Triumphgasse" der Ricarda
uch schien mir immer eine unbestimmbare Musik
ntgegenzutönen, die den ganzen schulbildenden Na-
uralismus in einen höheren Stil subjektiver Form-
ebung meisterhaft aufhob und auflöste. Und wenn
mil Strauß in seinem „Freund Hein" den von un-
eren neuen Moralisten und Dichtern gleichgeliebten
nmathematischen, unschulmäßigen, traumhaft per-
önlichen Knaben zu einem Musiker macht, der durch
ie Musik am Leben zugrunde geht, so schien darin
ine ausgesprochene Huldigung an diese Form zu
egen, die das heutige Ideal bildet und die Tragik
nserer Tage schafft. In jedem Falle mußte das
teigen der Sehnsucht nach Form und Stil die Liebe
ur Musik empfehlen.

Aber in demselben Maße — und dies ist die beste
arallele, die ich Dir bieten kann — sehnte sich

auch unsere heutige Musik wieder nach Form. Si
war unter Wagner naturalistisch geworden, wie di
Literatur unter dem Einfluß der großen Analytike
Norwegens und Frankreichs. Sie hatte sich logiscl
benommen. Sie existierte nur zu einer Symphoni
sierung von Vorgängen auf der Bühne, deren tiefere
Sinn sie zu malen hatte. Sie analysierte die Wahr
heit der Empfindungen und die Charaktere der Per
sonen und ihr ganzer Unterschied zur Literatur be
stand darin, daß sie metaphysischer bleiben konnte
da sie elementarer war, und daß sie lyrischer un
pathetischer sich gebärden konnte, da sie gerad
gegen den Intellekt, sozusagen mit dem Gewisser
des Herzens analysierte. Aber diese Logik des Herzens
gewissens blieb ihr die Hauptsache. Sie gewöhnt
sich die Chöre und Ensembles ab, wie die Literatu
die Monologe; denn wie diese festzustellen glaubte
daß die Menschen niemals allein laut reden, so pocht
jene darauf, daß sie niemals durcheinander reden
Sie verschärfte die leitmotivische Arbeit als wandelnd
Signalements der Personen, sie zerstörte das ge
schlossene Lied als unwahre Stilisierung und psycho
logische Lüge; sie gab ihren letzten Trost in reli
giösen Erlösungsgedanken und tragischen Philosophien
die das Rätsel der Schöpfung mit einem System zu
beantworten glaubten. In einer großartigen Kon
sequenz beschwerte sie die Süße unserer Kunstlieb
mit der idealen Forderung der Wahrheit, die da
System der Musik als Ausdruckskunst werden mußte

Photographie Georg Brokesch, Leipzig.

EUGEN D'ALBERT.

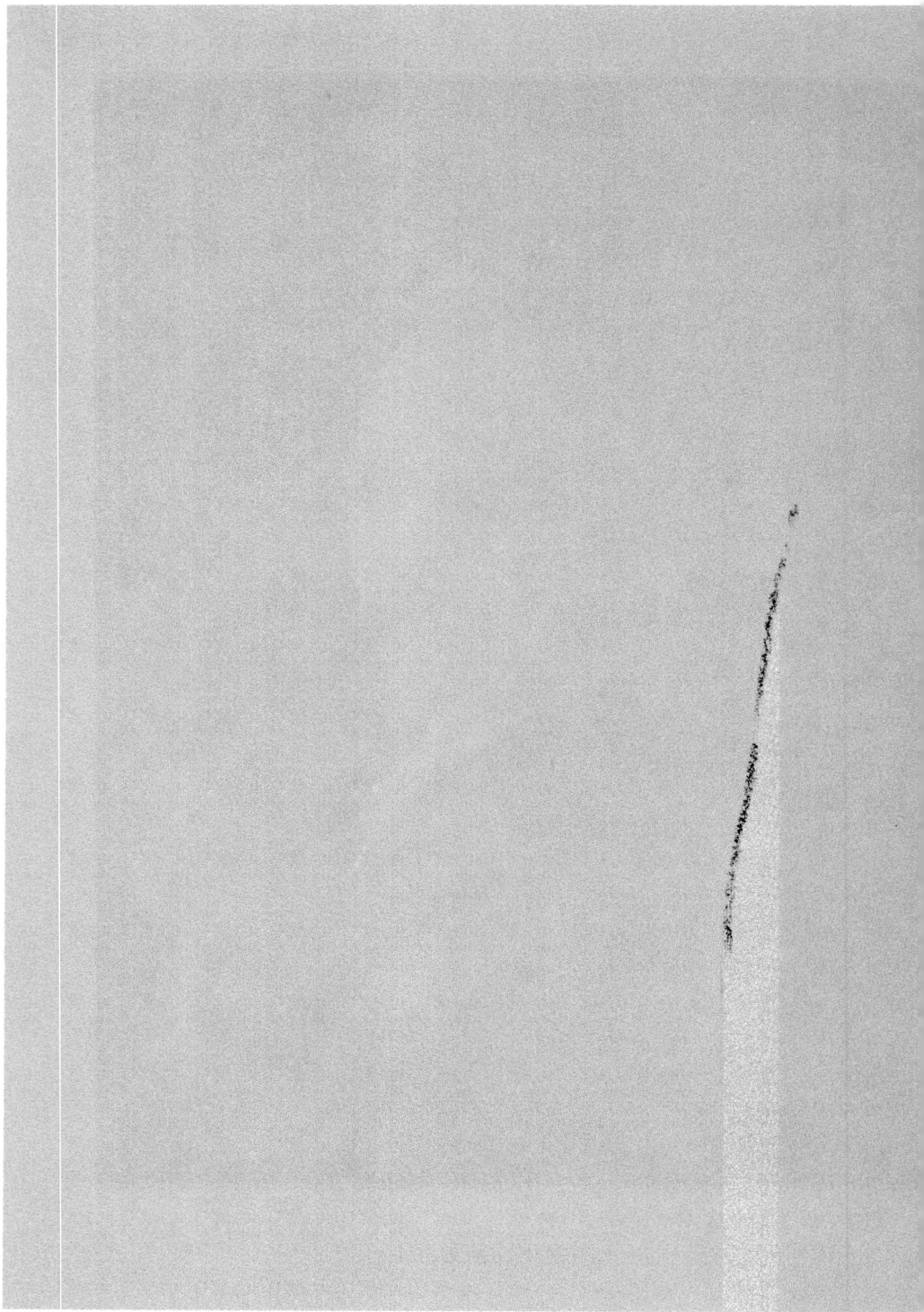

u weißt, wie Wagner diese gewaltige Mission auf
ch nahm und wie herzlich wir ihn gerade heute
eben, wenn er aus der Fülle seiner Kunst gegen
eine Theorie meistersingerlich sündigte.

Es mußte die Reaktion kommen. Wie die Lite-
atur, nachdem sie die große Epoche der Analyse
inter sich hatte, wieder sich sehnte, synthetisch zu
erden (das ist der tiefere Sinn unserer Formsehn-
ucht), so leuchtete aus der Musik, nachdem sich
ie Wolken des Ausdruck-Opfers verzogen hatten,
ieder der stille Friede der Architektur hervor, die
ir anderes Wesen ist. Freilich war es nicht mehr
ie Architektur der Musik des 18. Jahrhunderts, die
1 naiver Freude über den wohlgeregelten Bau der
Iarmonie und Melodie alle Leidenschaft zu einer
ntzückenden Komödie des Lebens umstilisierte, son-
ern es war eine neue Stilfreude, die von der Epoche
es Naturalismus gelernt hatte, wahr zu sein, und
ennoch nicht auf die Form verzichtete. Sie hob die
orm aus der naiven Sphäre in die sentimentale. Sie
estaltete die Form nur als Sehnsucht nach Stil, als
neres Bedürfnis nach Idealisierung. Du wirst mich
esser begreifen, wenn ich Dich an einen Garten der
illa neben unserm Sommerhause erinnere, den wir
o oft, da er uns nicht gehörte, ästhetisch verspeku-
erten. Dieser Garten war an einem englisch-modernen
aturalistisch ehrlichen Hause und dennoch stilisiert,
bsichtlich stilisiert wie nach einem italienischen Vor-
ild. Was liebte der Besitzer in seinen regelmäßigen

Terrassen und beschnittenen Hecken? Nicht die Forr
an sich, wie ein Renaissancekünstler, sondern sein
Sehnsucht nach Stil und Form inmitten einer natura
listischen Welt und Denkart, und gegen diesen Wahr
heitszwang; die Form wird hier sein Ausdruck.

Die gewaltige Wagnerflut mußte erst abebber
ehe diese neue Formfreude in der Musik sich orden
lich betätigen konnte. Niemals hat in irgend eine
Kunst ein Meister so suggestiv auf seine sämtliche
internationalen Zeitgenossen gewirkt, wie Wagne
Arthur Seidl hat in einer lehrreichen Broschüre übe
die Wagnerschule alle die Epigonen zusammengestell
die in seinem Stil romantische Opern verfaßten un
Entsagungspropheten wurden am üppig gedeckte
Tische moderner Harmonien. Ich erinnere mich nocl
wie ich in den 70er Jahren im Brockhaus las, da
Wagner niemals Nachahmung finden könne, weil sein
Kunst eine egoistische Wurzel habe. Der Verfasse
dieses Artikels ahnte nicht, wie recht er hatte. Sei
Genie hat zwar einen unermeßlichen Kometenschwe
hinter sich hergezogen, aber eine Nachahmung wa
ausgeschlossen, weil seine Kunst eine ganz persör
liche, ja private war, weil er die subjektive Wahrhe
der modernen Musik sagte. Nachdem sie gesagt wa
war sie vorbei.

Die Reaktion gegen diese Macht hat die neuest
Musik gestaltet. Aus Reaktionen kommt Kraft un
Einsicht. Aber auch sie fordert Opfer und ver
schwendet Größen — das ist ihr wahres künstlerische

lesen. Eines der merkwürdigsten Opfer war Peter
ornelius, der feine deutsche Kleinmeister, der ganz
nabhängig von der breiten Wagnerströmung in seinem
Barbier von Bagdad" einen heiteren idyllischen Stoff
und und eine höchst individuell instrumentierte gemüt-
nd humorvolle Musik dazu schrieb. Aber die Zeit
or 50 Jahren war dafür noch nicht reif. Liszt
ürzte in Weimar durch die Protektion dieses Werkes
nd Cornelius geriet durch sein Wohlwollen in eine
alsche, ihm widernatürliche Liebe, deren totes Kind
er „Cid" wurde, ein stammelndes Epigonenwerk des
ohengrin. Cornelius starb, müde und krank, und
iszt glaubte es seinem Andenken schuldig zu sein,
en vergessenen „Barbier" durch eine Neubearbeitung
n modernen Stile zu retten. Diese Bearbeitung
rachte über die feingeschnittene alte Partitur den
chwärmerischen, exotischen Glanz der neudeutschen
rchestertechnik. In ihm lebte Cornelius, mit einem
alschen Gesicht auf, bis wir vor einigen Jahren in
Veimar, an derselben Stelle, da sie einst versagte,
ie originale Form seiner Oper wieder hören durften
nd schmerzlich erkannten, wie hier ein seltener
eist durch das Wohlwollen seiner Freunde zwar ge-
ettet aber zerstört worden ist. Kennst Du einen ähn-
chen Fall aus der Literatur? Ich glaube, diese Art
ragik ist ganz einzig und wohl nur für solche weh-
nütig stille Musiknaturen möglich, die unter der süßen
ast ihrer eignen Kunst schwach werden.

Ein zweiter interessanter Fall, den ich Dir er-

zählen will, ist Hugo Wolfs Corregidor. Der berühmt
Liederkomponist, der jetzt bei uns zu den meist
gesungenen gehört, stand zu Peter Cornelius merk
würdig diametral. Ihm gefielen dessen Weihnachts
lieder, die wohl seine schwächste Leistung sind, un
es mißfiel ihm so ziemlich der „Barbier", den e
undramatisch fand. Gleichwohl war er in derselbe
Lage. Auch er sehnte sich nach der Oper und, wi
alle Liedersänger, nach einer möglichst unmystischen
weltanschauungslosen, frischen und heiteren. Eine
Buddhastoff (Wagners letzter Gedanke), den man ihr
einmal angetragen hatte, lehnte er mit kluger Voi
sicht ab. Er nahm sich diese spanische Verkleidungs
operette, die aus einer Novelle des Alarcon für ih
nicht gerade sehr geschickt gezimmert wurde, un
warf sich darauf mit dem Schrei nach Freude. Trot
sehr verständnisvoller Instrumentation, trotz manche
hübschen Idee und Pointe — es reichte nicht. Man gil
heute diese Oper aus Pietät, nicht aus Bedürfnis, un
der Kenner hat vor ihr die eigentümliche Empfindung
daß ein Künstler, der sich im engen Lied mit der
bescheidenen Klavier oft so überraschend suggesti
in dramatischer Illusion äußert, hier auf der Bühn
verräterische Gesten sehen läßt. Es gibt Lieder vo
ihm, wo eine Phrase des Gesanges, ein gutgesetzte
Akkord des Klaviers dramatische Visionen hervoi
bringt; aber in dieser Oper gibt es ein Lied vor
spanischen Wein, das die Angel des Dramas wir
und vollkommen phantasielos dahinschlägt. Hug

Photographie Karl Lützel, München.

MAX SCHILLINGS.

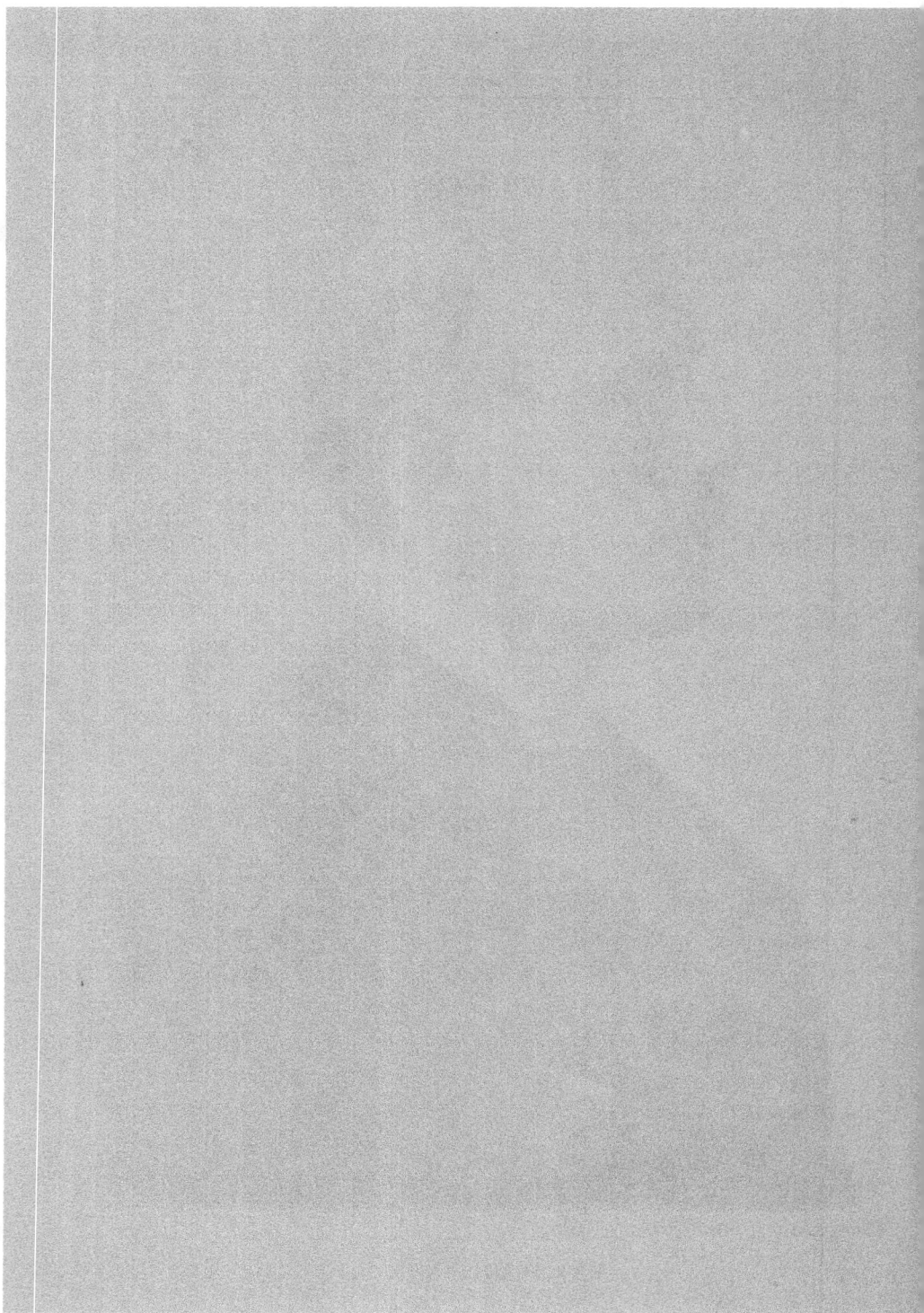

Wolf starb, ehe er die komische Oper fand, und be-
tätigte die alte gute Erfahrung, die sich an Schubert,
Schumann, Cornelius gezeigt hatte, daß aus einem
Biedertemperament niemals eine starke lebensfähige
Oper wächst. Diese Menschen sind zu fein für den
Freskostil.

Und nun höre den sonderbaren Fall: nachdem
zwei zarte junge Deutsche an der neuen heiteren
Oper gescheitert sind, steht uns allen jetzt als Ideal
dieser Gattung die Greisenoper eines robusten Italieners
vor Augen: Verdis Falstaff. Du bist aus der Literatur gewohnt, daß Autoren mit rechtem Bühnenblut
in ihrem Alter tüchtige Handwerker ihres Faches
werden und daß feinere Bühnendichter, wenn die
Schatten ihres Lebens sich verlängern, in eine kühle,
bisweilen unirdische Manier sich verlieren. Bei Verdi
ist das Handwerk in der Jugend gewesen und die
Feinheit im Alter gekommen. Die großen dramatischen
Vorzüge und melodiösen Schönheiten seiner ersten
Werke verwandeln sich über Aïda, Othello und Falstaff in einer ganz starken Entwicklung zur diskre-
testen Geistigkeit. Sentimentalität und Passion, die
in der Jugend so leicht das zarte Gebäude eines form-
sicheren Stils zerstören, waren im Herzen dieses
wundervollen Alten versenkt. Sein Kopf arbeitete
weiter, seine Erinnerung setzte die Leidenschaft in
ein lächelndes Spiel der Gefühle um, seine Hand
fingerte mit souveräner Leichtigkeit auf dem Orchester
als einem Kammermusikapparat, auf den Kehlen als

einem Paradiese fröhlicher Vögel. Die letzten Werk
Verdis, die heiligen Gesänge wie der unheiligste Fa
staff, sind Preziosen eines schönen, weißbärtige
Künstlers, der aus der Technik die Freiheit und au
dem Leben die Güte und Klugheit sich gewann un
sie nun stillvergnügt verarbeitet. Ich springe heut
noch von meinem Sitz auf vor Erregung und Ur
ruhe über diese Ruhe und Abgeklärtheit, mit der di
Rhythmen geschossen, die Instrumente aufgefädel
die Ensembles zusammengeworfen werden. Es i:
das Zukunftsprogramm der Oper: der unwagnersch
Kammerstil, ohne Pathos, aber mit Humor, ohn
Wahrheitsdeklamation, aber mit der Distinktion de
verpflichtenden Form.

Der treffliche Sir John hat uns für lange Zei
die Theorie von der alleinseligmachenden Tragik ge
nommen. Er erlöste uns von der Erlösung und predigt
uns ein wenig Selbsthilfe. Was ist die Ehre de
Tragik, Heldenhaftigkeit und Erhabenheit? Kan:
Ehre ein Bein ansetzen? Nein. Oder einen Arm
Nein. Oder den Schmerz einer Wunde stillen? Nein
Ehre versteht sich also nicht auf die Chirurgie? Nein
Was ist Ehre? Ein Wort. Was steckt in den
Wort Ehre? Was ist diese Ehre? Luft! Ich ma:
sie also nicht. Ehre ist nichts als ein gemalte
Schild beim Leichenzuge, und so endigt mein Kate
chismus. — O du guter, lieblicher, dicker, versoffene
Sir John, wenn du wüßtest, welche feine Thesen gege:
alle Ideologie du da aussprichst, gegen literarisch:

tandesgefühle, die die Menschen von ihrer natür-
.chen Sinnenfreude abbrachten, gegen Weltanschau-
.ngsposen, die uns die Wahrheit des Pessimismus
.ozieren, wo wir so sehr die Lüge des Optimismus
.rauchen, um leben zu können! Aber es ist gut,
aß du das im Rausche sagst, man würde dich sonst
·or deinem Termin bezahlen.

Du amüsierst dich, lieber Freund, über diese
\potheose eines charmanten Schwindlers und, im
Ernst, Du nennst es vielleicht Feigheit, wenn wir
.eute uns bestreben, den großen Problemen und
·chweren Musikprogrammen ein wenig aus dem Wege
·u gehen. Ich habe es nie als Furcht empfunden,
ondern als Selbsterhaltungstrieb. Ich versichere Dir,
laß es für mich nichts Staunenswerteres gibt, als
las Wagnersche Drama, aber ich wäre ein Stumpf-
•old, wenn ich imstande wäre, diese größte künst-
erische Emanation ständig über mich herrauschen zu
assen. Sie würde mir dann kleiner werden und ich
·mpfindungsloser. Ich kann nicht aus jedem Tag
·in Fest machen, ich halte schon eine Bayreuther
Kampagne kaum aus, ich brauche ein schönes Maß
·on Reaktion und Untragik, von Spiel und Gefällig-
:eit. Wenn Ihr ins Schauspiel geht, habt Ihr gar
licht so sehr diese ewige Auseinandersetzung mit
ler hohen Tragödie, die nur Literatur bleibt. Ihr
:ommt viel öfter in die Gelegenheit mit dem vor-
.refflichen Bernard Shaw die Pose abzustellen und
lie Ironie zu befriedigen, als wir, die wir unter

diesem maßlosen Druck des Wagnerschen Olympier
tums leben. Wir sind gezwungen, geradezu die Oppo
sition gegen diese Macht zu kultivieren: das heiter
Genre, die alte Form, das stilisierte Ensemble, di
absolute Symphonie, die intime Linie der Kammer
musik, wir entdeckten für uns von neuem Mozart
Don Pasquale und die kleine graziöse französisch
Oper, wir rufen selbst nach dem bürgerlichen Lortzing
entzücken uns über Smetanas Verkaufte Braut, ver-
lieben uns in Offenbachs Contes de Hoffmann, philo-
sophieren über die Fledermaus — nur weil wir fühlen
daß wir ein wenig mehr die Musik, den Stoff, di
Technik, die beschränkten Lieblichkeiten der fester
Materie verehren müssen, um uns endlich mal zu
häuten und zu verjüngen. Wir waren zu geistig
wir wollen wieder sinnlich sein.

Du willst die Probe aufs Exempel haben. Gut
ich will Dir daraufhin unsere Kompositionen ein
wenig gruppieren, wenn Du mir zugestehst, daß die
moderne Seele viel zu kompliziert ist, um in einer
einfachen Formel sich aufzulösen.

Moloch

Einleitung und 1 Scene   I Aufzug   Max Schillings

ENN ES EINE FORMEL FÜR DIE moderne Musik geben sollte, so wäre es die eines stärkeren Materialismus, worunter bei dieser so elementaren Kunst nichts Schlimmes zu verstehen ist. Ich meine nur, daß sie im Gegensatz zu Wagner nicht mehr so sehr aus m Menschen, als aus dem Stoff, dem Gesetz, m Apparat die Kunst gewinnt. Während Wagner t einer bewundernswerten Konsequenz den Stoff, die sik, die Technik in den Dienst seiner Erlebnisse llte und, wie er in den „Mitteilungen an seine eunde" über seine ersten Opern selbst ausführt, ch später nichts geschrieben hat, was nicht sein gebuch gewesen wäre, gibt der moderne Musiker eder dem lebendigen Material und der sinnlichen istenz seiner Kunst größere Rechte und erholt sich wissermaßen in deren Unpersönlichkeit. Man könnte lleicht drei Gruppen heute unterscheiden, von denen erste im fremden Stoff, die zweite in den Ge- zen der absoluten Musik, die dritte in den Reizen r technischen Sprache sich auseinandersetzt.

Sieh die Art, wie die moderne, nicht ausgesprochen agnersche Oper entsteht. Der Komponist sucht en Stoff, der ihn reizt, der ihn klingen macht, d bearbeitet ihn dann nach seinem Temperament. e Alten bekamen ihre Libretti meist zudiktiert und den sich dann aus dem Stil ihrer Zeit und ihrer

Person damit ab. Heute suchen die Komponiste
schon selbst herum und gewinnen ein persönlich
Verhältnis zum Stoff, ohne daß er darum ihre Blu
und Leidensgeschichte erzählen muß. Sie stelle
sich artistischer dazu. Pfitzner ist darin wohl noc
die nordischeste Natur. Sein „Armer Heinrich“, sei
„Rose vom Liebesgarten“ sind Stoffe, in die er star
persönliche Sehnsüchte durch den Blutstrom der Mus
hineinleitet. Max Schillings in der „Ingwelde“, i
„Pfeifertag“, steht schon distanzierter zu seinem Sto
den er in der gutgeschulten aristokratischen Mani
seiner vornehmen Begabung behandelt. Humperdinc
fand in „Hänsel und Gretel“ den entzückendste
Stoff unserer ganzen heutigen Textliteratur und füll
ihn mit einer deutschen, ein wenig schwergearbeitete
Musik, die ihm bei der zweiten Oper, der „Heir
wider Willen“, die Hand etwas festhielt. Und doc
bedeutet er gerade bei uns einen seltenen Typus vo
vollendeter Mischung anmutiger Lyrik und breit
Bühne: die Lösung des Cornelius- und Wolfproblem
Die Lortzing-Sehnsucht aber könnte Wilhelm Kien
in einer behaglichen volksmäßigen Sprache uns stille
wenn er sich von heldenhaften und tragischen Szene
fernhielte, die ihm nicht liegen, selbst in der Iron
nicht. Charpentier unter den Franzosen würde d
subjektiven Oper heute am nächsten kommen, wen
er seine Bohêmejugend in der „Luise“ nicht zu
Schluß doch wieder veropert, verheroisiert hätte, woz
das gallische Pathos so leicht verführt. Die Paris

ılten jetzt Debussy für ihren Ersten, der mir, so-
eit ich ihn kenne, in seinen literarisch verfeinerten
ıstrumentalstimmungen am ehesten mit der formalen
ruppe unserer Dichter parallel zu gehen scheint; er
ɔmponierte Maeterlincks Pelleas und Melisande. Du
underst Dich, wie wenig wir deutsche Musiker die
anzösische Musik kennen, während wir von ihrer
teratur gar nicht loskommen. Man sollte meinen,
e Internationalität der musikalischen Sprache lasse
ɔlche Grenzen gar nicht entstehen. Die Franzosen·
ɛnnen unsere Musik noch weniger, sie haben ihren
. Saëns, der im Feuilletonstil der 70er Jahre kom-
ɔniert, ihren pathetisch-beredten Massenet, die geist-
ɔllen Harmoniker der César Frank-Schule, Widor,
incent d'Indy, aber der eigentlich deutschen Musik,
e für sie nach Wagner völlig einflußlos war, stehen
e interesselos gegenüber. Was uns hier betrifft,
ɩ ist unsere musikalische Allianz mit den Italienern
el größer, mit denen uns literarische Tendenzen
ieder so wenig verknüpfen. Das sind so Weltläufe.
rankreich war für uns (und offen gestanden, ist es
gentlich wirklich) wesentlich nur das Land der
ɔrache, Italien das der Musik. Und Italien hat sich
usikalisch gerade jetzt wieder so sehr bemerkbar
ɛmacht. Ich spreche nicht von den blassen Kom-
ɔsitionen Leoncavallos, der in den „Bajazzi" einen
ücklichen Stoff fand, oder von der rohen Invasion
ɛr Cavalleria, die einer Art mißverständlicher Er-
sung von Wagner ihre Wirkung verdankt, sondern

von feineren Naturen der Mailänder Schule, von Puc
cini, von Giordano, deren Opern in der rücksichts
losen Übertragung realistischer Vorgänge der Musi
neue Geheimnisse ablocken und, ohne auf den Gesan
als melodische Linie zu verzichten, das Orchester m:
einer spielenden, andeutenden, kammerhaften Deli
katesse behandeln. Wie in Charpentiers Luise ist i
Giordanos Fedora versucht worden, die musikalische
Untergründe täglicher Vorgänge aufzudecken, in de
Familie eines Arbeiters, in dem Milieu eines Kriminal
romans. Warum nicht! Die große Liebesszene de
Fedora, die nur vom Klaviervortrag eines verkappte:
Musikers in mondäner Gesellschaft begleitet wird
gehört zu den besten Ideen eines modernen Kompo
nisten. Puccinis „Bohême" übertrifft diese ganz
Gattung an Esprit und Leichtigkeit, nur fand ich be
öfterem Anhören die Erfindung schmächtiger werden
Aber wir haben auch einen deutschen Komponisten
der dieser neuitalienschen Gruppe nicht fern steht —
und darum in seiner Villa am Lago Maggiore auch
nicht fern wohnt: Eugen d'Albert. Dieser verwöhnt
Pianist liebt am wenigsten die Geste der großen Welt
er möchte in das Leben hineinlachen und Musil
machen, die ohne Ansprüche klingt und singt. E
wird darum wohl wissen, daß er sich von den histo
risch-mythologisch-tragischen Stoffen am besten ferr
hält, um in die zierlichen Gärten der von humor
voller Form stilisierten Amüsements spazieren zu
gehn, von denen er in seiner biedermeierisch köst

ichen „Abreise" sich selbst ein so launiges, heutzu-
age goldeswertes Muster aufgestellt hat. Wie schmach-
end wir uns danach sehnen, beweist der unvergleich-
iche Erfolg seines kleinen musikalischen Scherzspiels
Flauto solo, in dem italienische Virtuosen-Figuration
ind deutsche Gemüts-Schnadahüpfl ein Stilduett auf-
ühren. Man denkt, daß ihm nicht bloß die Doppel-
begabung Mozarts geschenkt wurde, Klavier- und
Komposition, sondern auch etwas von dessen glück-
ringendem Temperament.

Ich nehme an, daß Du Dich wunderst, wie allgemein und detaillos man über moderne Musik
sprechen muß, während Du von den Essais über
Literatur oder Malerei gewohnt bist, durch Einzel-
heiten überzeugt zu werden. Es geht nicht anders;
die Musik ist keine Kunst, die sich darstellen läßt —
sie verliert sonst ihr Aroma. Was bei ihr spontan
wirkt, verfliegt in der Umschreibung, und da diese
Umschreibung stets mit Assoziationen arbeiten muß,
so macht sie in demselben Augenblick die Musik
unmusikalisch, das heißt literarisch, zu einem realen
Stück Leben oder zu einer konzisen Erinnerung.
Wenn wir wieder einmal zusammenkommen, werde
ich Dir mit äußerster Schnelligkeit und Sicherheit
am Klavier zeigen können, wie weit alle diese
Künstler von sich an ihre Werke abgaben und wie
weit sie den Stoff selbst ausholten und wie gerade
durch diese gesteigerte Objektivität neue Perspektiven
in die Musik gelangten. Ich werde Dir Humperdincks

Kuckuckszene in Vergleich stellen zum Waldwebe»
Siegfrieds, Hans Sachsens Schusterlied sollst Du nebe»
irgend einem Volkslied aus einer Oper von Blec▶
oder Reznicek hören, die Häuslichkeit Nürnbergs ver
gleichen mit den Familienszenen bei Louise, di
Blumenmädchen Parsifals mit denen des Thuillesche»
Lobetanz, König Markes Klage mit der bürgerliche»
Versöhnung beim Tee in d'Alberts Abreise, die gran
diose Rhythmik der Meistersinger mit der altmodisc▶
lieblichen Architektur in Wolff-Ferraris ,,Neugierige»
Frauen", Wotans schweren deutschen Pessimismu
mit dem Hunger der französischen Offiziere in Hum
perdincks letzter Oper — und Du wirst sehen, wi
wir kleiner geworden sind, um zunächst mal ander
zu werden.   Ich meine nicht die Erfindung, ic▶
meine die musikalische Anschauung, die ich Dir an
Klavier analysieren werde in Harmonie und Melodi
und Rhythmus, wie ich Dir eine Szene von Sophokle
und Hofmannsthal nebeneinander stellen könnte au
den Gesichtspunkt und das Gesichtsfeld ihrer beide»
Naturen.   Zwischen vier stillen Wänden, in einen
hohen Walde, in den Bewegungen einer kultivierte»
Frau, in dem Dialog zweier Liebenden, in der Ge
bärde eines Mannes aus dem Volke liegen vielerle
Musiken, die man nach verschiedener Dispositio»
verschieden herausholen wird.   Darin, daß wir nac▶
allen Seiten hin heute den Stoff selbst wieder auf
fordern, uns zu musizieren, liegt die Hoffnung au
neue Entdeckungen.

Diese Hoffnung nun gibt der Musik an sich, der usikalischen Musik, die sich nicht unter die Tyran- s des systematischen Willens beugt, ein größeres echt. Formale, tektonische, spielende Elemente eten wieder selbstbewußter auf. Die Dinge für :h musizieren wieder. Die Musik musiziert und ne neue Liebe zur absoluten Musik keimt auf, die r Wagnerschen Anschauung ganz entgegengesetzt :. Das „Wort" muß nicht immer den Ton an- ben, der Ton kann auch wieder mal das Wort ben. Wir verstehen wieder, wie ein Mensch aus m reinen Spiel der Musik heraus sich die Formen cht, Kammermusik oder Symphonie, je nach der ffizileren oder breiteren Schichtung seiner Vor- ellungen. Max Reger, dessen Name jetzt bei uns iufiger genannt wird, stellt diese Spezies dar, ein rchaus unopernhafter Mensch, Bachsche Natur, ab- luter Musiker wie Brahms, aber in den kompli- erten harmonischen Gängen moderner Freiheit. Auf r Orgel spricht er in den elementaren Gesetzen s Tons, im Liede, am Klavier, in der Kammer- usik (die schon beim kleinen Orchester ihre Grenze ndet) baut er eine Musikarchitektur, die mit der /irklichkeit kaum noch einen Zusammenhang hat, ndern ihrem eigenen Linienspiel, den Zuckungen nes Ornaments, den Erinnerungen einer Kultur- rm, den Wogen der rollenden Phantasie, der Rausch- eude und Nüchternheitslust folgt, wie es Themen nd Modulationen hervorlocken. Es ist das reinste

musikalische Instinktleben, das Vegetieren elemer
tarer Gefühle. Du erinnerst Dich vielleicht unsere
Gespräches über dieses Instinktleben in der Literatu
als Du damals sagtest: wir Literaturmenschen habe
doch wenigstens eine elementare Erscheinung, d
wir euren großen Instinktiven Bach, Beethover
Schumann, Brahms an die Seite stellen dürfer
Shakespeare, den ihr uns noch nicht übermusizie
habt. Diese merkwürdige Beleuchtung der Kun:
hat lange in mir nachgewirkt. Ich habe beobachte
wie gerade in der nächsten Nähe solcher instinktive
Kunst, die nur aus Schaffensdrang schafft und, wc
hin sie greift, auch packt, die tödliche Gefahr de
Eklektizismus lauert. Je intellektueller wir werder
desto mehr fühlen wir die Relativität der instinktive
Kraft, die im Augenblick lebt, im nächsten stirb
weil sie lebt, um erfüllt zu werden. Der Intellek
die Krankheit unserer Zeit, läßt uns das Meer de
Instinkte still machen, damit wir in ihm uns spie
geln. Wir beobachten uns, stellen unsere Gebärde
ein, machen uns schön, nehmen traditionelle Ge
wohnheiten an, bisweilen werden wir affektiert. Ver
gleiche die Stellung der Kunst und die der Kriti
zum Instinktleben. Jene wird stark dadurch, dies
unfruchtbar. Jene haßt den Intellekt, diese brauch
ihn. Die Naivität der Instinkte Bachs und Beethoven
ist uns verloren gegangen, weil in jedem unsere
Künstler dieser Kritiker in gewissem Grade steck
Wir leiden heute darunter, und ich wüßte keinen ab

Photographie Gebr. Lützel, München.

MAX REGER.

bluten Musiker zu nennen, der eine so ungetrübte
instinktive Natur hätte, wie z. B. Richard Dehmel.
Gustav Mahler, nicht unähnlich Oskar Fried, beides
Symphoniker und Lyriker, sitzen an der Quelle der
ursprünglichsten musikalischen Empfindung, ihre
Wirkung ist elementar, ihre Anschauung plastisch,
und doch gibt es bei ihnen Stellen, wo sie aus Über-
legung traditionell, aus Selbstbeobachtung liebenswürdig, aus Erkenntnis geistreich werden. Der Geist
ist keine primäre Eigenschaft unseres Seelenlebens,
er ist die Zuflucht der starken Gefühle, die an der
Erkenntnis bluten. Kennte ich die moderne russische
Musik besser als aus den paar Konzerten, es würde
mich interessieren, zu untersuchen, ob er dort diesen
Schutz der Empfindung bedeutet oder nur Effekt ist.

Lieber Freund. Als ich noch meine Meinungen
über die moderne Kunst drucken lassen mußte, um
davon zu leben (denn ein Mitteilungsbedürfnis an
die unbekannte Menge habe ich leider nie besessen),
schien es mir oft, als ob solche Auseinandersetzungen
über die verschiedenen Genres und die Neutralität
aller Möglichkeiten etwas Philiströses haben müßten
und dort wiederum, wo sie in die Tiefe steigen, einer
Prostitution ähnlich sehen. Seitdem ich nun in der
Lage bin, meine Gestaltungskraft in dieser privaten
Form zu üben und was ich zu sagen habe, nur denen
mitzuteilen, die ich für gleichgestimmt, ungefährlich
und wirklich belehrbar halte, ist diese Furcht von
mir gewichen. Die Klarheit wird in solchem Dialoge

nicht eine Schulmeistertugend und die Weitherzigkeit
nicht eine Schwäche. Ich weiß, mit wem ich spreche,
und kultiviere mich langsamer, reinlicher, ehrlicher,
da wir erst keine Bühne zu besteigen brauchen zu
gegenseitiger Schauspielerei.

Ich bin Dir noch einen großen Musiker schuldig,
den markantesten der heutigen Deutschen. Richard
Strauß interessiert auch mich am meisten, und da
ich Dir dies schreibe und nicht der unbekannten
Menge, so brauche ich mich dafür nicht bei allen
anderen Lebenden, die ich vielleicht nicht so kenne
und so impulsiv beantworte, zu entschuldigen. Strauß
vertritt die dritte Gattung, von der ich Dir sprach:
neben den stofflichen, den absoluten, ist er der tech-
nische Musiker, aber er ist es so wenig wie diese im
beschränkten Sinne. Sein Reiz liegt im Apparat, im
Orchester, in den Stimmen, in der Gefügigkeit der
Kammermusik. Während jene nach Stoffen aus-
gehen, oder von ihrer inneren Musik aus in die
Instrumente steigen, steigt ihm aus den Instrumenten die Musik ins Innere, mit ihr die Stoffe,
mit ihr die Phantasie, das absolute Empfinden
mit seinem Regulator, dem Intellekt, so daß ihm
nichts verloren geht, was unsere Zeit sich wünschen
kann, woran sie sich erfreut und leiden sieht. Da
er zugleich der Flüssigste ist an Einbildungskraft, der
Kühnste an Neuerungen, der Fruchtbarste an Formen,
der Freihändigste an Rhythmen und der Vielseitigste
an Aufgaben, hebt er sich ganz von selbst über die

ngeren Gruppen, deren Qualitäten er dennoch zu-
ammenfaßt. Du hast mir oft versichert, daß Du
on seinen Werken einen spontanen Eindruck hast,
aß sie Dich nicht bloß interessieren, sondern schüt-
eln, und ich habe mich gefragt, wie das bei einem
1 der heutigen Musik doch schließlich undiszipli-
ierten Organ und gleich bei der schwierigsten Num-
ier dieser Musik möglich ist. Ich denke mir, daß
ie rein elementare Kraft des Orchesters, die in allen
einen Symphonien technisch meisterhaft heraus-
eholt ist, und die belebende Rhythmik seiner Lieder
ies auf dem Wege der Gefälligkeit durch das Ohr
ollbringt, daß Dissonanzen Dich mehr interessieren
ls stören und der gewisse Geschmack, den Strauß
icht verachtet, Dich zuletzt mit allen Revolutionen
ersöhnt. Für mich aber ist Strauß ein lebender
ßeweis des gottvollen Antiphilisteriums, das in unserer
.iteratur sich so fruchtbar erwiesen hat, jedoch die
ЛIusik noch lange nicht genug beflügelte. Sein Zu-
ammenhang mit der modernen literarischen Welt
vird nicht bloß in seinen Liedertexten und Opern-
toffen klar, sondern in der ganzen freimütigen
Jaltung seiner Musik, die wie zum Überfluß sich
och gern mit programmatischen Titeln verständ-
.ch macht. Er ist ein Impressionist, wenn er sein
)rchester in Farben aufleuchten läßt, die seine per-
önliche Handschrift sind: er instrumentiert nicht,
r denkt im Orchester. Alte Formen, kanonische in
cappella-Chören, Rondos in Symphonien, Koloraturen

in Liedern, setzt er wie ein Stilist aus moderne
Gefühlen heraus. Die Oper entwickelt er aus der
noch Wagnerschen „Guntram" über die volksfreund
liche „Feuersnot" zur artistischen, kammermusik
feinen „Salome". Was Berlioz ahnte, Liszt wollte
Wagner vermied, erfüllt er in der Reihe seiner sym
phonischen Dichtungen von dem edlen „Tod un
Verklärung", dem humoristischen „Till Eulenspiegel'
dem musikalisch geistvollen „Zarathustra", dem inner
lich starken „Heldenleben" zur modernen Klassik de
„Domestica". Ein Erfolg, wie ihn noch kein Lebende
errang, umrauscht ihn. Warum? Ein Stück Zei
eine Notwendigkeit der Künste erfüllt sich in ihn
Sicher, ein Meister seines Handwerks, hält er di
Zügel und gibt uns mindestens die Hoffnung, da
wir Wotans Ende noch nicht zu fürchten haben. . . .
Doch ich will dir in einem zweiten Briefe einige
Genauere über Strauß zu sagen versuchen, weil e
in mir reif geworden ist. Freue dich, wenn d
willst, indessen auf weitere Briefe über andere Musi
ker, die ich folgen lassen will, wenn es mir mi
hnen ebenso geht.

Caprice.

Originalbeitrag des Komponisten für dieses Buch.

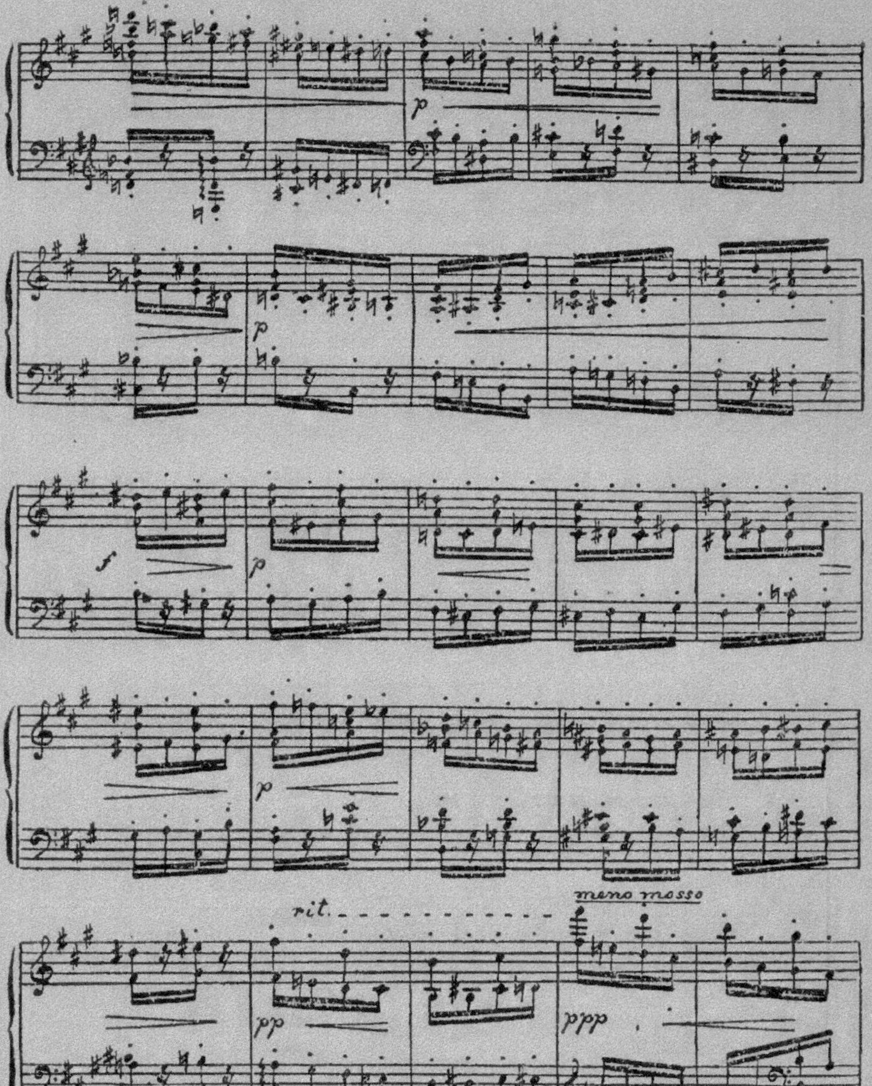
p
p
f
p
p
rit.
meno mosso
pp
ppp
rit.
ppp
ppp

CH WILL IN DIESEM BRIEFE, den ich vor niemandem zu verantworten habe, auf die Straußsche Musik etwas näher eingehen. Sie stellt eine Meisterschaft dar, wie sie die moderne Literatur an keinem Punkte erreicht. Wille und Vermögen decken sich. Die Kraft vird nicht überschätzt, aus dem Können bildet ich der Stil und so erleben wir weder Verstiegenheiten noch Manieriertheiten. Daß diese Kunst m Mittelpunkt alles Schaffens liegt, will ich nicht agen; aber wo sie sitzt, da ist sie jedenfalls ollkommen. Unsere Literatur leidet heute an nkongruenzen der instinktiven Kraft, des Kulturgefühls, der Überlieferung, der Tendenz. Nur in einzelnen Dramen, einzelnen Versen, einzelnen Novellen findet sie sich ganz zusammen. Der Fall trauß liegt breiter. Vielleicht gerade weil der Ausgangspunkt materieller ist, erstreckt sich hier ine Kunst in vielfacher Verzweigung gleichmäßig tark und einheitlich.

Das Verhältnis eines Musikers zur Literatur spricht ich in seinen Liedern am einfachsten aus. Mit der tärkeren Bildung des Musikers hat sich heute sein Textgeschmack bedeutend verfeinert. Er ging früher zar zu gern auf gewisse rohe farbliche Reize schwacher Lyrik ein, die er in seiner Komposition veredelte, so daß der Text erst in ihr zum Leben zu erwachen

schien. Noch bei Schubert findet sich das. Seit Schu
mann, besonders aber seit Brahms und vor allen
seit Wolf hat der Liederkomponist mehr Standes
gefühl bekommen, und wenn Du Dir eine Statisti
der heute komponierten Gedichte machen würdest
könntest Du den Geschmacksfortschritt abzählen
Gleichzeitig reizt es, auf alte Volkstexte zurückzugehen
Lieder im Geschmack des Wunderhorn sind heute Lecker
bissen. Im Zeitalter der neuerwachten Lautenliede
und der Renaissance vergessener Instrumente lieb
man den archaischen Ton. Strauß versteift sich nich
auf ihn, aber er legt ihn gern als Farbe, wie ein un
schuldiges Weiß, mitten in seine Juwelenkunst hinein

Er hat in seinen Liedern keinen subjektiver
Standpunkt, sondern das Stilgefühl gegen die Former
und Farben seiner Texte. Sein Geschmack hat sich
allmählich destilliert. Von Goldschnittbüchern in
Gilmschen, Dahnschen, Schackschen Ton geht er über
Mackay zu Bierbaum, Henckell, Liliencron und Dehmel
Dazwischen mal ein Volkslied oder eine ganze Reihe
Rückerts, die ihn in ihrer künstlichen Sprache zu
künstlicher Musik reizen. In den ersten Heften ist
er noch liebenswürdig, wie es seine Vorlagen sind
und in dem berühmten Ständchen verfällt er fast in
Salonromantik. Doch finden sich schon tiefe Aus-
holungen wie in dem „Geheimnis“ des Opus 17. Die
Dahnschen „Mädchenblumen“ reizen ihn zu einer
willkommenen, farbigen, wechselnden Malerei und
schwierigen Rhythmen. „Du meines Herzens Kröne-

in" bringt melodische, tiefe Schönheiten und der
Unglückhafte Mann" geworfene, lustige Detailmalerei.
r sucht sich die Stoffe nach seinen musikalischen
edürfnissen. Das „Frühlingsgedränge" gibt ihm den
rsten Anlaß zu einer echt Straußschen Fädenauflösung
egen den Schluß. Opus 27 wird der berühmte Meister-
chaftsbeweis: Die breite Malerei im ersten, die feurige
antilene im zweiten, die Steigerung im dritten, die
underbare Melodie im vierten Lied, dem Mackayschen
Morgen". Opus 29 wurde noch klassischer. Die
userlesene Behandlung der Tonarten im „Traum
urch die Dämmerung", der Wurf der „Schlagenden
erzen", die Innigkeit des „Nachtgangs" — es waren
rei Bierbaumsche Gedichte. Die Szenerie wird dra-
atisch. Dehmels „Stiller Gang" ist von der Bratsche
itbegleitet, das erste kleine Drama im Zimmer. In
en folgenden Henckells und Liliencrons spricht der
olkston vernehmlich: die Basis verbreitert sich.
olksweisen werden farbig eingesetzt, hornartige Motive
ine Lieblingsgegend von Strauß) geben diatonischen
alt, das „Wunderhorn" wird aufgeschlagen und eine
rt neues Rokoko, rhythmische Pointiertheit, selbs⁺
ie fliegenden Reize der Koloratur entwickeln sich.
etzt reicht das Klavier nicht mehr. Das Orchester
itt als Begleiter hinzu, in jener wunderbar gedämpften
ülle, die Strauß ihm zu geben weiß und deren
echnik ihn veranlaßte, manche seiner Klavierlieder
ür Orchester höchst geistvoll und lehrreich umzu-
etzen. Das phänomenale Kreuzgewebe der Stimmen,

die Tonartenfarben, die Terzentropfen, die Schluſ
ausfädelungen, alle seine Eigentümlichkeiten entfalte
sich in diesen kleinen Opern der Orchestergesäng
Wunderländer malt er bis auf den letzten Grund au
Die Bodmannsche Feierlichkeit der Apollopriesteri
ruft schöne Posaunen und Motive von Säulenarch
tektur, Tanzmotive schön bewegter Menschen, w:
von Hofmannschen Bildern. Das Pathos Schillei
setzt sich in moderne Harmonien um. Klopstoc
wird zu einer modernen, kolorierten Korresponsioi
Die Erfindung streicht freier auch über das Klaviei
lied. Das Hochzeitslied von Lindner wird zu einei
prächtigen Klavierstück. Die „Fünfzehn Pfennige
sind übermütig bis in den durcheinander geworfene
C moll- und H dur-Schluß. Die Vielfarbigkeit wii
Thema. In dem köstlichen Opus 39 stehen zusamme
Dehmels „Leises Lied“, ein neuer Chopin, sein „Arbeits
mann“, eine Landschaft in Tönen, mit dem ganze
sprühenden, lichtersetzenden, harmonischfarbigen Im
pressionismus dieser freien Kunst, seine wahrhai
tiefen Gedichte „Befreit“ und „An meinen Sohn‘
jenes mit dem Erjagen der Worte durch unvermittei
reißende Harmonien, dieses mit seinem dramatische
Crescendo durch die Chromatik in ein elementare
C dur. Es kommt eine unruhigere Zeit: vom be
rühmten melodisch so schmeichelnden „Wiegenlied
über allerlei Versuche Klopstock, Bürger, Uhland
Rückert mit den schwierigsten aller je komponiertei
Texte in Stil und Detail uns nahe zu bringen, übe

as große Dehmelsche Notturno mit seinem male-
schen Orchester, das einen neuen Drittenaktstil
ristan bringt, kehren wir langsam zur lockeren
ntimität zurück, zum Kammergesang, zur Lustigkeit
er „Sieben Zechbrüder", ja zur Schubertschen Heiter-
eit und Sinnigkeit von Henckells „Winterweihe".
pus 49, das letzte Liederwerk von ihm, zeigt diese neue
larheit, die die Symphonie und Oper gleichsam aus sich
eraus gesetzt hat, in schöner Mannigfaltigkeit. In den
ückertliedern wird man im Detail leuchtende Ein-
älle finden, in den Uhlandschen „Dichters Abend-
ang", „Rückleben" einzelne Erinnerungen an die
erzhafte Romantik, hier ist noch einmal alles zu-
ammengeschichtet: Dehmels warme Ges dur-Wald-
eligkeit, Remers „Goldene Fülle" in Schubertscher
hythmusfreude, das Dehmelsche „Wiegenliedchen"
it dem schwärmenden harmonisch-koketten Bien-
en, Henckells „Steinklopfer" mit der naturalisti-
hen Begleitung und dem erschütternd ironischen
achsingen der letzten Worte, die früher bei Strauß
• oft einem hergebrachten Schlußeffekt dienen
ußten, das entzückend naive „Sie wissen's nicht"
n Panizza und einige derbe und drastische Volks-
der.

Wie töricht, Dir diese Stufenfolge der Lieder zu
schreiben. Aber ich zwang mich einmal, sie der
eihe nach durchzunehmen, um ihren Lebensprozeß
studieren. Und Du siehst, es gibt einen solchen,
drängen aus sich heraus, setzen sich auseinander

mit benachbarten Kunstgattungen, mit der Vergangenheit, mit den Dichterstilen und finden sich schließlich in einer reinen, aber reichen Klarheit wieder.
Was verlangt man vom Künstler? Daß er an seinem
Wesen arbeite, es zu Konflikten und Siegen bringe. In
diesem Zyklus von 100 Liedern eines Vierzigjährigen
liegt diese Selbstarbeit eingeschlossen. In beschränktem
Kreise fordert er eine Welt heraus, um sich zu finden.
Lieblinge dieser Entwicklung bleiben uns im Ge-
dächtnis, neue Entdeckungen verschieben ihre Stellung
nur leise, immer wieder im Singen und Spielen
wachsen uns dieselben Blumen dieser Saaten. Es
gibt zehn bis zwanzig Lieder, in denen Melodie,
Ausdruck, Farbe, Rhythmik, Gesanglichkeit und
Klaviertechnik wie durch eine glückliche Ordnung
sich störungslos verketten. Diese sind es, die heute
schon den festen Bestand unserer Gesangskonzerte
bilden. Ihre Gemeinsamkeit ist kein Prinzip, keine
Romantik oder Volkstümelei oder Dramatik oder
Archaisierung: sie geben den letzten Ausdruck jedes
Stils, malerisch frei, rhythmisch frei, aus dem
äußersten Darstellungsvermögen unserer sensitiven
Seele heraus.

Die literarische Fühlung, die, wie Du siehst, Strauß
in seinen Liedern liebt, bleibt ihm selbst dort, wo
der reale Zusammenhang mit dem Wort fehlt: in
den Symphonien. Aber es beschwert ihn auch hier
keine Bildungsprotzerei. Er bleibt naiv, sogar innerhalb der Grenzen einer Kultur und eines Raffine-

nents, die dem Fremden nur zur Absichtlichkeit
und Routiniertheit zu führen scheinen. Ich möchte
sagen: er liebt die Kultur naiv. Oder anders aus-
gedrückt: er steht auf der Höhe unserer Zeit, ist
also Musiker genug, dies alles mit einem kühlen
Objektivismus, mit einer wundervollen Prinzipien-
losigkeit zu nehmen. Du findest bei ihm nicht die
Wahllosigkeit und nicht die Überreiztheit, die in
unserer Literatur oft nebeneinander gehen, sondern
eine ganz eigentümliche, spielende Lebenslust. Ich
denke immer an die Schrift von Kassner über die
„Moral der Musik", von der ich Dir einmal sprach.
Der Autor faßt die Musik als Kunst der absoluten
Vergleichslosigkeit, der substanziellen Daseinsberech-
tigung und löst von ihr aus viele Zweifel und
Fragen unserer zersplitterten Weltanschauung. Etwas
Ähnliches geschieht mit Strauß gegenüber dem
Dilemma der Literatur. Während hier wurzelhafte
Kraftnaturen und gebildete Kulturgeister sich ent-
gegenarbeiten, sitzt da ein Musiker mit naivsten
Sinnen, in fruchtbarster Stimmung vor letzten
Gefühlen und Seelensteigerungen und nimmt sie
künstlerisch, wie sie eben sind. Jawohl, es ist
eine Art Artistentum, aber ohne jeden deka-
denten Beigeschmack. Ein äußerster Wille der
Musik zur Unbewußtheit, mitten im bewußtesten
Milieu.

Es handelt sich für mich hier eigentlich darum,
Dir dies Phänomen Strauß, wie ich es auffasse, dar-

zustellen und weniger Dir eine Analyse seiner Werke
zu geben, die ich einem Fachmann schicken würde.
Ich schreibe ja kein öffentliches Buch, wo ich für
jedes Mitverständnis sorgen muß. Ich entwickle Dir
meine Gedanken, die vielleicht karikiert erscheinen,
wenn ich sie mit Bedeutung vor dem Publikum vor-
tragen würde, die Du aber verstehen wirst, als ästhe-
tische Erlebnisse.

Nach der Radierung von Emil Orlik.

GUSTAV MAHLER.

TRAUSS SCHRIEB NUR ALS Jüngling eine richtige Symphonie. Dann gab ihm eine Reise die erste Assoziation: es erschien die Suite „Aus Italien" in vier Sätzen, die verschiedene besondere Stimmungen wiedergeben, ein Musikwerden der Landschaft, und von denen der etzte über ein bekanntes, rhythmisch ausgezeichnetes Neapler Thema ihm Gelegenheit gab, das Orchester ordentlich zu werfen. Jetzt aber wird bald die Viersätzigkeit aufgegeben. Der „Don Juan" ist eine einsätzige symphonische Dichtung, nach einem Lenauschen Gedicht. Es werden verschiedene Gattungen der Liebe durchgemacht, ritterliche, lyrische, schwungvolle, schmachtende, bis das Leben im Schluß müde dahinsinkt. Das Gedicht hat ihm diese Form des Crescendo und Decrescendo gegeben — ganz allgemein. Es hat ihn gereizt wie die Natur den Landschafter. Das übrige ist sein Werk, und es ist um so freier, als er die Worte für keinen Gesang zu benutzen hat. Die Gattungen der Liebe musikalisch durchzukosten, ihre mannigfachen Rhythmen zu finden, hintereinander, untereinander wie Themen einer Symphonie, das ist sein Vergnügen. Nun kommt er in die erste große Zeit seiner musikalischen Phantasie, eine glückliche Zeit reicher und geordneter Einfälle. Wieder ein Gedicht, das unter dem Titel „Tod und Verklärung" ein Rondo des Lebens schildert, mit dem

schlußbildenden Zusammenbruch und einer noch besser
schlußbildenden Verklärung — spricht die Form aus.
Es gibt ein schönes Motiv nachdenklicher Art, aus
zwei ein- und ausatmenden Akkorden bestehend, es
gibt männliche und weibliche Themen in einer über-
aus glücklichen Verknüpfung und eine so leichte
Phantasie, daß die Idee Liszts von der symphonischen Dichtung, die statt zu bauen empfindend
entwickelt, nun zum ersten Male klassisch erfüllt ist.
In einer leuchtenden Klarheit, in einer gestaltungs-
reichen Rhythmik entfaltet sich dieses Stück bis zu
der stolzen Gloriole des diatonischen Themas gegen
Schluß, in dem er so gern aus der verzweigten
Wurzel seiner Polyphonie gleichsam den stämmigen
Baum aufschießen läßt. Das Stück blieb eines seiner
populärsten, weil es diese vegetative Rhythmik des
Baues, bis zum Abendsonnenglanz auf dem Wipfel,
in einer rührenden Schönheit entwickelt.

Im „Macbeth" hatte Strauß vorher eine symphonische Dichtung geschaffen, in der innerhalb älterer
einsätziger Form ein etwas unklares Drängen nicht
recht zum Ziele gelangte. Jetzt im „Till Eulenspiegel" ging er vom Drama und der Lyrik end-
gültig zum Epos, das heißt, er fand seine vorzügliche
Eigenschaft, in der Aufreihung variierter Zustände
seinen Sinn für Stile und Kulturspaziergänge zu üben.
Er legte eine Art von Rondoform zugrunde, in der
er bestimmte Themen nach den Situationen wandelte
und verhakte und mit der ganzen farbenprächtigen

Landschaft seines jetzt vollendeten Orchesters umgab.
Er ist auf dem Punkte, die Technik spielen zu lassen
und aus dem üppig zuschießenden Stoff mit leichter
Hand Gestalten zu formen. Die komischen Effekte
reizen ihn weniger ihrer Frivolität wegen, als weil
sie ihm jene Freiheit der Rhythmik gewähren, in
der er antiphiliströser, sarkastischer und revolutio-
närer ist, als er es je stofflich sein könnte. Jetzt
fliegen die Takte, die Scherben klirren, die Trompeten blasen frech in ein verstecktes Loch der Polyphonie, die Streicher schwirren solistisch auseinander,
Oboen, Flöten und Klarinetten aber lachen sie aus
vollem Halse aus. Alles Bedächtigte, Formale, Ge-
setzte, Moralische, Vereidigte und Soziale wird von
diesen Rhythmen verspottet. Das ist der musikalische
Till. Durch den Markt reiten, mit Siebenmeilen-
stiefeln auskneifen, in einem Mauseloch sich ver-
stecken, als Pastor sich verkleiden, den Mädchen
nachstellen, den Philistern auf dem Kopf herum-
treten, die Professoren in Kanones verstricken —
bis er selber am Strick hängt. Solches etwa würde
sich Strauß mit Bleistift in die Partitur notieren,
um dem Orchester ein paar Handgreiflichkeiten zu
geben der verschiedenen Sarkasmen, die in dies
schlichte Anfangs- und Endwort „Es war einmal"
eingespannt sind. Aber beileibe stellt er diese Dinge
nicht dar, sondern sie geben ihm einen Halt, eine
Ordnung, durch die er die frechste Musik vor sich
selbst gewissermaßen rechtfertigt. Er malt keinen

Eulenspiegel, nein er ist einer — musikalisch, so
wie jener einer im Leben gewesen war. Aber im
Augenblick, da das Stück fertig ist, ist er's auch gewesen. Er steht vor einem ähnlichen neuen Stoff
,,Don Quixote" und versucht mit ihm ebenso zu ver-
schmelzen. Die Taten des Ritters von der traurigen
Gestalt wurden sogenannte Variationen, in denen sich
ein Solocello des Don Quixote und eine Solobratsche
des Sancho Pansa annimmt. Das Orchester steigert
sich zur äußersten solistischen Virtuosität, zu uner-
hörten Kammermusiken im großen Stil. Aber die
Wirkung ist nicht dieselbe. Berlioz durfte eher der
Solobratsche die Empfindungen des Byronschen Child
Harald anvertrauen, als wir die des Sancho Pansa.
Wir empfinden nicht Pansasch, nicht einmal Quixo-
tesch, weil wir selbst traurige Ritter zu sein aufge-
hört haben. Ich habe nie recht begriffen, wie eine
so eng begrenzte Parodie, die des Rittertums, so
lange lebendig bleiben konnte, bei allen literarischen
Qualitäten des Cervantes. Ist wirklich soviel All-
gemeinmenschliches darin? Sehen wir Don Quixote
als Oper, wie sie Kienzl machte, so fühlen wir sofort diese menschliche Unmöglichkeit. Hören wir es
als Symphonie, ist es eine Häufung von außermensch-
lichen, technisch-musikalischen Details in einem ima-
ginären Rahmen. Straußens Till ist ein Eingehen in
den Stoff, der Don Quixote ein Bearbeiten des Stoffs.
Jener steht ihm am nächsten, dieser am fernsten.
Ich nehme hier einen Maßstab, bei dem auch die

enialsten Einfälle im Einzelnen keinen Einfluß haben.
)och vielleicht irre ich mich: ich habe den Don
)uixote lange nicht gehört.

Mit dem „Also sprach Zarathustra" sehe ich eine
llmähliche Entfernung von der literarischen Grund-
age eintreten. Dieser Titel steht in Anführungs-
eichen. Es heißt: ich nehme nur den Titel, ich
rinnere nur an das Buch Nietzsches, das ich „frei"
bersetze. Und in der Tat ist zwischen dem Zara-
hustra von Nietzsche und von Strauß nur eine Ge-
neinsamkeit einiger Überschriften. In neuerer Zeit
at auch Oskar Fried einige Zeilen des „trunkenen
iedes" von Nietzsche als ein Chor- und Orchester-
verk komponiert, unter einem ähnlichen Mißverhältnis
um Original, wie Strauß. Er kam aus der pessi-
nistischen Schule Wagners und übertrug mit der
Jaivetät, wie sie nur einen Musiker so unschulds-
oll ziert, die Nietzscheschen Hymnen auf die Ewig-
eit in eine fast christliche, demütige, herzbrechende
yrik, während der Philosoph unter seiner Ewigkeit
ine ganz andere meinte: die neue der Lust, die
ntichristliche, die unkanonische. Straußens Mißver-
tändnis fällt weniger ins Gewicht, weil er keinen
ext komponiert, sondern nur durch Titel Hinweise
ibt. Die „Hinterweltler" reizen ihn zu mystischen
)rgel- und geteilten Streicherklängen mit gregoria-
ischen Zitaten. In der „Großen Sehnsucht" findet
r das Crescendo zu den „Freuden- und Leiden-
chaften", in denen er mit vollkommener polyphoner

Freiheit die heißen Ströme seiner orchestralen Feue:
schichten durcheinander lenkt. Das „Grablied" gil
das nun notwendige Diminuendo, die „Wissenschaft
einen kanonisch spiralisierten dumpfen Stillstand, d
„Genesende" die neue Steigerung, das „Tanzlied
einen scherzhaften Genuß in einem porzellanene
Walzerstil und das „Nachtwandlerlied" den nötige
Ausklang. Dieser musikalische Zarathustra hilft de
Menschen nicht anders, als daß er ihnen ein Rond
verschiedenster Stimmungen darbietet, die sie an sic
kennen. Das Nietzschesche Wesen der Menschenste
gerung ist eine zu unmusikalische Tat, als daß die:
Kunst, die in Versenkung und Erinnerung lebt, ihr
einseitig freundlich gesinnt sein könnte. Der Musike
nimmt das Zarathustrische nur als eine Hälfte un
setzt das Menschliche ihm gegenüber, er nimmt ei
diatonisch reines Trompetenmotiv und auf der andere
Seite ein chromatisch sich schlängelndes Thema, e
baut diese beiden Seiten aus nach Dur und Mol
Hell und Dunkel, Steigend und Fallend, Klarheit un
Mystik und er führt den Kampf dieser Element
nach seinem inneren Rhythmus durch. Das ist de
musikalische Wert des Straußschen Zarathustrastück:
der enorm ist. Bis ins Kleinste ist dieser Streit de
diatonischen und chromatischen Prinzips als gestalten
zu erkennen: von dem grandiosen Aufstieg zu Be
ginn über die Drachenbrut der Wissenschaft bis zur
Schluß, der zwischen H und C so unnietzschesch de
Ausschlag sucht. Hätte Strauß zufällig statt de

ietzscheschen Zarathustra die originale Zoroastersage
on Ahriman und Ormuzd in die Hände bekommen, so
ätte er vielleicht noch einen richtigeren Titel auf diese
lementare Symphonie gesetzt. Den Gott Ormuzd hätte
ıan eher zuletzt drangegeben, als den Übermenschen.

Musikalisch ist Strauß jetzt auf seiner Höhe an-
elangt. Auf der resolutesten Rhythmik spielen seine
iatonischen Hornmotive, die übermütigen Dezimen-
prünge, die stechenden Übermäßigen, die schleifenden
erzen, Ausdrucksformen, deren Wert mehr noch in
ırer suggestiven Erscheinung als in ihrer originellen
estaltung liegt. Der Apparat des Orchesters funk-
ioniert unter seiner Hand wie die Farben eines Im-
ressionisten. Er empfindet sofort in ihm, ja aus
ım heraus und doch wieder durch ihn auch auf
ie Wirkung hin. Wie der moderne Maler läßt er
ich von einer Tatsache der Wahrnehmung reizen
wie weit entfernt ist dies von einer naturalistischen
rogrammusik!) und reagiert mit seiner Innenwelt,
eren Technik ihm aus dem Vortrag erwächst. Genau
vie der Impressionist, erfindet er aus der Wirkung.
ıber so wenig Renoir ein Sascha Schneider ist, ist
trauß ein Meyerbeer. Der Effekt ist ihm nicht das Ziel,
ondern ein Mittel; seine Eindringlichkeit öffnet seinem
mpfinden die Wege. Es gibt Programmusiker, die
vie die falschen Philosophen unter den Malern nur
ıbstraktes schildern, weil sie an Gedankenblässe und
innenarmut leiden. Es gibt aber auch andere, die
ıus der Fülle ihrer Vorstellungen und Sicherheit ihrer

Technik sich scheinbare Grenzen ziehen, Assoziationen
die nicht mehr sind als eine Unterschrift eines Bildes
Nur der Dumme glaubt, daß Monet nichts hat schildern
wollen als den „Hafen zu Rouen". Was ist ein Hafen

Strauß läßt nun die Titulatur selbst in Anführungs
zeichen. Er war von der Schule über Reisen durch
Gedichte, Dramen, Epen, schließlich zu Überschriften
gekommen. Er war jetzt beim Leben selbst. Du
siehst, wie organisch dies geworden ist. Du siehst
daß es sich lohnt, auch einmal nicht speziell musi
kalisch von diesen Dingen zu reden.

Er dichtet jetzt selbst. Das heißt: nur in Musik
Es keimt ihm eine Symphonie aus den einfachsten
Vorstellungen des Lebens: dem männlichen Trotz
dem Spott der Widersacher, der Gefolgschaft eine
zarten und kapriziösen Weibes, der großen „Durch
führung" in Gestalt einer elementaren Schlacht, de
sentimentalen Erinnerung an die vergangenen Taten
und dem Eremitenschluß. Oder ich könnte auch
sagen mit einiger Übertreibung: es keimt ihm di
Idee einer Symphonie aus dem trotzigen Blechbläser
chor (romantisch als Hörner und heldisch als Trom
peten), dem tänzerischen Streicherchor (die Virtuosität
und der Schmelz der Violine) und dem quirlenden
quäkenden Widersacherchor der Holzbläser. Diese
Symphonie des Metalls, der Saite und des Holzes is
das „Heldenleben". Als Spiegelung unseres Lebens
im Orchester und unseres Orchesters im Leben is
sie einzig. Das ist das objektiv Wichtige. Subjektiv

DIE BOHÈME
VON
G. PUCCINI

EITES BILD Walzer von Musette: *Will ich allein....* (Sopran)

SANG *con molta grazia ed eleganza*

Will ich al _ _lein.........................des A_bends in Pa_

_ris mich er _ geh'n, Bewund'rung ich er _ re _ ge....

CORDI & C., Musik Verlag, MAILAND.

 (Copyright 1902, by G. Ricordi & Co.) 164791

appena allarg:

Und mei _ ne Schön _ heit prü _ _ fen......... und mei _ ne Schönh

col canto.............

.... a tempo *sottolinea* *riten: mo*

prei _ sen all die Leu _ te die mich seh'n. Und das-

riten: mo

.... a tempo *p*

.. a tempo *molto rall:* *sten*

schmeichelt mir, froh bin ich folgt mir dreist je _ des Aug' vol _ ler Gier

.. a tempo

molto rall:......

3

Und wenn man die Schönheit und die zarte Anmuth meiner Rei _ zepreist

ich rings Be_wun _ de_rung er _ zeu _ _ge dann weiss ich auch:

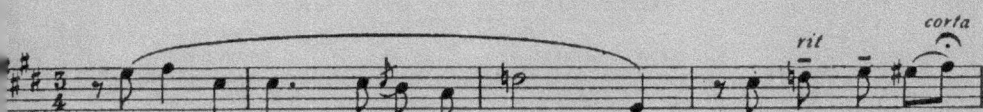

entzü _ckend er schein'ich, und das macht mich glücklich! Und

104791

4

du der mich kennt, der........ noch schwelgt in mei_r

Küs _ sen,............willst nichts mehr von mir wis _ sen?...............

sieh': du willst die Pein vor mir nicht klagen,...................vor mir nicht klag

Doch.................fühlst Du dich....... sterbens_müd'!

enommen leidet sie an einem Zwiespalt des All-
emeinen und Besonderen. Bis zu der berauschenden
chlacht geht alles, wie es gehen muß, und wir sind
oll Bewunderung vor dieser natürlichen Größe und
cheren Freiheit. Gegen Schluß tritt eine gewisse
'rmüdung ein. Der „Held" wird aus musikalischen
·ründen nachdenklich. Er braucht ein Diminuendo.
.r erinnert sich seines Lebens und der Komponist
rinnert sich seiner Stücke. Strauß, der in Liedern
nd Opern auch gern einmal ein Zitat einflicht, gibt
ier eine Reihe eigener Themen früherer Kompo-
tionen, die gleichsam an seinem Geiste vorbei-
leiten. Der „Held" wird zur Resignation gezwungen.
Voher soll er ein neues Crescendo finden? So fragt
er naive Musiker. Der Kritiker aber fragt: Soll er
ach diesem Erlebnis keine andere Zuflucht finden als
ie Wüste? Stand nicht Achill wieder auf um einen
'reund? Ist die Ruhe in sich selbst ein letzter Schluß?
.in schöner wohl, aber ein wahrer? Schließt das Helden-
:ben so geschmackvoll? Vielleicht mußte man alles
:pische gegenüber diesem unseren ungekannten oder
eldenlosen Leben lassen und lyrischer, synthetischer
·erden. Das wurde die glänzende Sinfonia domestica.

IR LEBEN VON DER ANRE[
hung und sind darauf angewiesei
unseres Geistes Blöße über de
verschiedensten Launen dieser We
leuchten zu lassen. Unsere beste
Berufsgenossen sagen uns, daß di
Kritik auch ein Kunstwerk se
aber welches Kunstwerk ist sie
Sie ist ein Berufskunstwerk, kein Helfekunstwerl
Der Dichter erlebt furchtbare Familientragödien, Fra
und Kind sterben, er weint, dann trocknet er, dan
horcht er, dann dichtet er — und ist sein Schicksa
los. Das war Euer Geijerstam in seinem Roma
vom Brüderchen. Der Künstler befreit sich durc
das Kunstwerk vom Leben und von der Umgebung
indem er sie gestaltet, ist er sie los. Was werde
wir los? Unsere Gedanken. Das ist wenig genug
Es ist unser Neid, den Künstler zu sehen, der au
seinem Los sein Gedicht macht. Der Dichter direk
ter, der Musiker indirekter, so indirekt, daß es in
diskret wird, die Untergründe aufzudecken. I
Beethovens Cmoll liegt so viel Beethoven, als e
darüber geschwiegen hat. Die Neugierigen un
Spötter möchten wissen, ob in Strauß' Sinfonia sei
Eheleben liegt. Noch nie hat er sein Programm s
verschwiegen. Er gibt nur einige Direktiven de
Themen und Tempi und schreibt in der Partitur nu
einmal, als die Trompeten das Mannesthema und di
Posaunen und Hörner das Weibesthema anklinger

ıssen, daß die Tanten das Kind „ganz wie Papa"
nd die Onkels „ganz wie Mama" finden. Also ein
roßartiges Familienerlebnis. Oder vielleicht so: sie
anken sich und das Kind schreit dazwischen, die
eugekaufte Amsterdamer Uhr schlägt dazu, er ruft:
as ist ja die reine Sinfonia domestica, sie ruft: so
chreib doch das Zeug auf, er ruft: gut, mache ich.
Vie tief und verständnisvoll! Ihr guten Schafe, wißt
hr, daß man euch nie diese Schriftgelehrtenweisheit
eben wird, und daß dennoch tief im unbewußten
nnern alles, was der Künstler erlebt, das Dümmste
nd das Heiligste, in sein Werk schließlich eingeht,
erklärt oder verlacht, verschärft der vergeistigt,
o weit und groß, als die Musik über den klei-
en Zufällen des Lebens steht? Nun setzt euch
nd hört zu.

Vor einem Menschenalter schrieb Wagner sein
iegfriedidyll. Es war die Zeit, da er, wie es in
inem Briefe heißt, seine ganze Kunst hingegeben
ätte „für ein rückhaltslos liebendes Weib" und ihm
ann der Sohn die Erfüllung brachte, daß er in ihm
um ersten Male einen „Sinn seines Lebens" er-
lickte. Es war ein lyrisches Gedicht aus heiterstem
rieden der Objektivität. Das Drama war darin ab-
orbiert. Strauß aber sieht auch in der Symphonie
ramatisch, noch dramatisch oder schon wieder dra-
natisch. Er zeichnet im „Heldenleben" eine Frau
nit der Solovioline, die halb Cantilene, halb Capriccio
st. Er zeichnet eine Liebesszene, das Kind ist noch

nicht geboren und der Held versinkt zum Schluß in
jenes etwas unfruchtbare Selbstbespiegeln nicht ohne
Sentimentalität. Das Kind rettet auch ihn in dieser
Sinfonia. Die befriedigte Anschauung des Sieg-
friedidylls, die Unbefriedigung des erzählten „Helden-
lebens" wird hier zur befriedigten Erzählung, zum
runden, symphonischen Drama. Das ist so ein Stück
moderner innerer Musikentwicklung, die von ihrer
Wahrhaftigkeit verliert, sobald man sie wahr machen
will. Ihr Leben ist die Unwillkürlichkeit, nicht die
Bewußtheit, nicht das Programm. Sie ist besser,
heiliger als jedes Programm. „Ist es nicht wunder-
schön," schrieb mir neulich Strauß, „heute, weil
man einem Orchesterstück einen Titel als ein
literarisches Programm beigegeben hat, unter die
Programmmusiker gerechnet zu werden (wissen
Sie vielleicht den Unterschied zwischen Programm-
musik und wirklicher Musik? Ich nicht!) — morgen dafür, wenn es einem einfällt, die dichterische
Idee ganz zu verschweigen oder nur anzudeuten,
als reuiger, in den Schoß der allein seligmachen-
den absoluten Musik (wissen Sie vielleicht, was
absolute Musik ist? Ich nicht!) zurückkehrender
Sohn gefeiert zu werden. Daß man nicht heute
der und morgen ein anderer sein kann, sondern
immer der sein muß, als der man vom lieben
Gott erschaffen wurde, ist ein zu tiefsinniger Gedanke, als daß er im Gehirn eines Ästhetikers
Platz hätte. Und daß der Regenbogen, wenn er auch

Photographie Hülsen, Berlin.

HANS PFITZNER.

n sieben Farben schillert, doch immer nur der eine
Regenbogen ist."

Das symphonische Gedicht ist immer noch ein-
ätzig, mit heimlichen Abschnitten. Es stellt, wie
ine alte Symphonie, zunächst seine Themen vor:
as männliche, das weibliche, das kindliche — früher
agte man: erstes, zweites, drittes. Das männliche
etzt sich aus gemütlicheren, sinnenderen, feurigeren
Phrasen zusammen, das weibliche gewinnt aus der
Umkehrung kapriziöse Formen und hat einen tän-
erischen, etwas bourgeoisen Anhang, das kindliche
st liedartig mit Quartaufstieg. Schreitriller auf dem
Quartsextakkord lassen keinen Zweifel übrig. Idyllische
cherze, kleine Dialoge, ein süßes Schlummerliedchen
ringen die ersten Bilder, in denen sich die Themen
erweben. Ein langsamerer Satz, halb Träumerei,
alb Liebe, schiebt sich zwischen die zweimaligen
iebenglockenschläge ein. Ein Schrei, ein Pauken-
chlag. Es richtet sich eine gewaltige Doppelfuge
wischen Kind und Mutter ein, die zu wahnsinniger
teigerung führt, bis auf einem 34taktigen Orgel-
unkt der Mann diese Verwirrung schlichtet. Die
'hemen verschlingen sich versöhnlicher und im gro-
en Glanze der Tuttifreude strahlt das Kindesmotiv,
as einst in einem zitternden Oboe d'amour ange-
angen hatte, im hellsten Blechbläserchore. Das ist
ie ganze Geschichte von Monsieur, Madame und
;ébé, die Strauß in seiner freihändigsten, freimütig-
ten, resolutesten Art zum Gedicht macht.

Um das Kunstwerk zu begreifen, das er aus de
Polyphonie dieser Motive geschaffen hat, muß mar
die Partitur lesen. Er ist noch nie so reif gewesen
Er zieht ein raffiniertes Gewebe mit allen Mitteln
seines erstaunlichen Orchesters und setzt doch in
einzelnen, mit spitzesten Fingern, die verschwende
rischsten Farben auf von Kammermusikdelikatesse
Er stellt sich zu seiner Musik, als ob er sie ge
schrieben hätte, noch ehe er sie schrieb. Er häl
sie zurück, läßt sie laufen, steigert sie, verdickt sie
akzentuiert sie, überakzentuiert sie, daß die dyna
mische Kurve auch nicht einen Augenblick nachläß
und wir dem großartigen Schauspiel einer musika
lischen Phantasie beizuwohnen glauben, das nach
inneren dramatischen Gesetzen, ohne Drama, ohne
Wort, ohne gemeines Programm sich abrollt. Sein
Orchesterphantasie, die heute einzig dasteht und nu
von seiner Chorphantasie noch übertroffen wird, is
hier aller Arbeit ledig geworden und nur noch eir
Garten von glücklichen Einfällen. Zur Rücksichts
losigkeit von Berlioz, zur Technik von Liszt komm
etwas Neues: wie modernste Lyrik, ein wurzeltiefe
Werden aus sich selbst. Könntest Du den nächt
lichen Satz studieren zwischen den Glockenschlägen
er fängt mit dem Gesang der Oboe und Flöte au
zartestem Durchbruch der A-Klarinette an, versüß
sich an den Streichern, steigert sich zu schlagender
Rhythmen des schönen Mannesseptimenmotivs, sink
in farbigsten Solofäden hinab, erhöht sich drangvol

über Dissonanzen zu stolzestem Unisono und verliert
sich im milchigen Lichte des Morgens geteilter, ge-
dämpfter Streicher und wiegender Flöten und Harfen
— das ist das größte Ochestergedicht, daß die moderne
Kunst nach dem Siegfriedidyll kennt. Nur mußt Du
alles, was ich so grob sagen kann, in die diskreteste,
gegliedertste, stoffloseste Kunst zurückübersetzen, die
nichts ist als Freude an Musik, am Klang, am Ein-
fall, am Gestalten, von einem, der heute der Herr-
cher ist und selbst in den Fernen sein Auge sicher
hat, hinter dem Leben.

Ich bin sehr in Rage gekommen und habe vergessen, daß ich an Dich schreibe. Ich habe die
Domestica viermal gehört, und beim letztenmal war ich
ganz darin. Es gab nichts Undurchsichtiges mehr
und ich fühlte eine eigene Wonne, mit diesen Fluten
über den bunten Grund des Lebens zu fließen. Du
hast es gemerkt, als Du mich zur „Salome" nach
Dresden abholtest, wie voll ich davon war. Ich konnte
mir nichts Gesteigertes denken. Und wenn es außer
mir nur noch drei Menschen so fühlten, es würde
mich nur bestärken. Strauß macht mir ein inneres
Tempo. Dafür bin ich furchtbar dankbar, fast über-
schwenglich. Ich gehöre nicht zu den Kritikern,
die ihrer Kunst zunächst feindlich gegenüberstehen.
Der geringste innere Zuwachs löst den Künstler in
mir und alle aufgestaute Begeisterungslust. Dessen
bin ich sehr froh, und es schmerzt mich nur, wie
schwach ein solches schriftstellerisches Echo ist,

E*

das ich Dir hier senden kann. Musik ist doch zu
sinnlich.

Bei einer anderen Straußschen Komposition ging
mir's nicht unähnlich: bei dem Schillerschen „Abend"
den er für 16 stimmigen Chor ohne Begleitung setzte
Stelle Dir ein Landschaftsbild vor, das Menschenstimmen malen, sechzehn Farbennuancen vom hell-
gelben Sopran bis zum tiefblauen Baß, Menschenstimmen, weil sie noch viel mehr assoziative
Fähigkeiten haben, als Instrumente. Man verstand
das Mittelalter, das in solchen Chören seine musikalischen Weltbilder bezwang: eine metaphysische
schöne Unlogik. Musik, die durch unsere realen
Kehlen höchst Irreales verewigt. Ich hatte Visionen
vor dieser uralten und doch so neuen Kunstgattung
Stimmen, die aus Wellen in Bogen aufsteigen, die
Reigen schlingen, die hundert Hände strecken, die
sich Geheimnisse zuflüstern, die bunt vom Himmel
tropfen, die wartend über der Erde stehen, die seidig
in den Horizont sich verlieren. Strauß zieht die
Stimmen mit Meisterschaft, die Linie ist in der Farbe
haarscharf. Er hat eine ähnliche Komposition auf
Rückerts „Hymnus" geschrieben und mehrere Män-
nerchöre, die von einer bewundernswerten, freien
Souveränität sind. Die Grenzen der menschlichen
Stimmen reizen ihn nur doppelt zur Impression
Halb im Stil längst vergangener Madrigalzeiten, halb
im letzten Ausdrucksprofil unserer malerischen Epoche
bewegen sich diese sechzehn Chorstimmen in einem

LOUISE

Musik - Roman
von
GUSTAVE CHARPENTIER.

Ins Deutsche übertragen
von
OTTO NEITZEL.

N° 4.

ARIE VON LOUISE
(für Sopran)

MÉNESTREL, 2\bis Rue Vivienne,

HEUGEL & C\ie Editeurs, Paris.

Tranquillo. ♩= 84.
Her - zens Gar - ten hal-let von freud' - gem Sin -
p
rit.
accel.
Più mosso. ♩= 112.
mf
meno
A Tempo anim. (Sch
♩= 108.
- gen. Es froh - lockt die Na-tur zu mei -
espressivo
mf
p
- - nem Lie-bes - glü - cke! Rings um mich her wie stra
Ped.
♩= 112.
f
al - les in sonn' - gem Lä - cheln! ich
cresc.
Ped.
allarg.
a tempo animato
ritenuto
dim.
p
er - shau - - - re vor ü - ber-gros
f
dim.
p
colla voce
Ped.

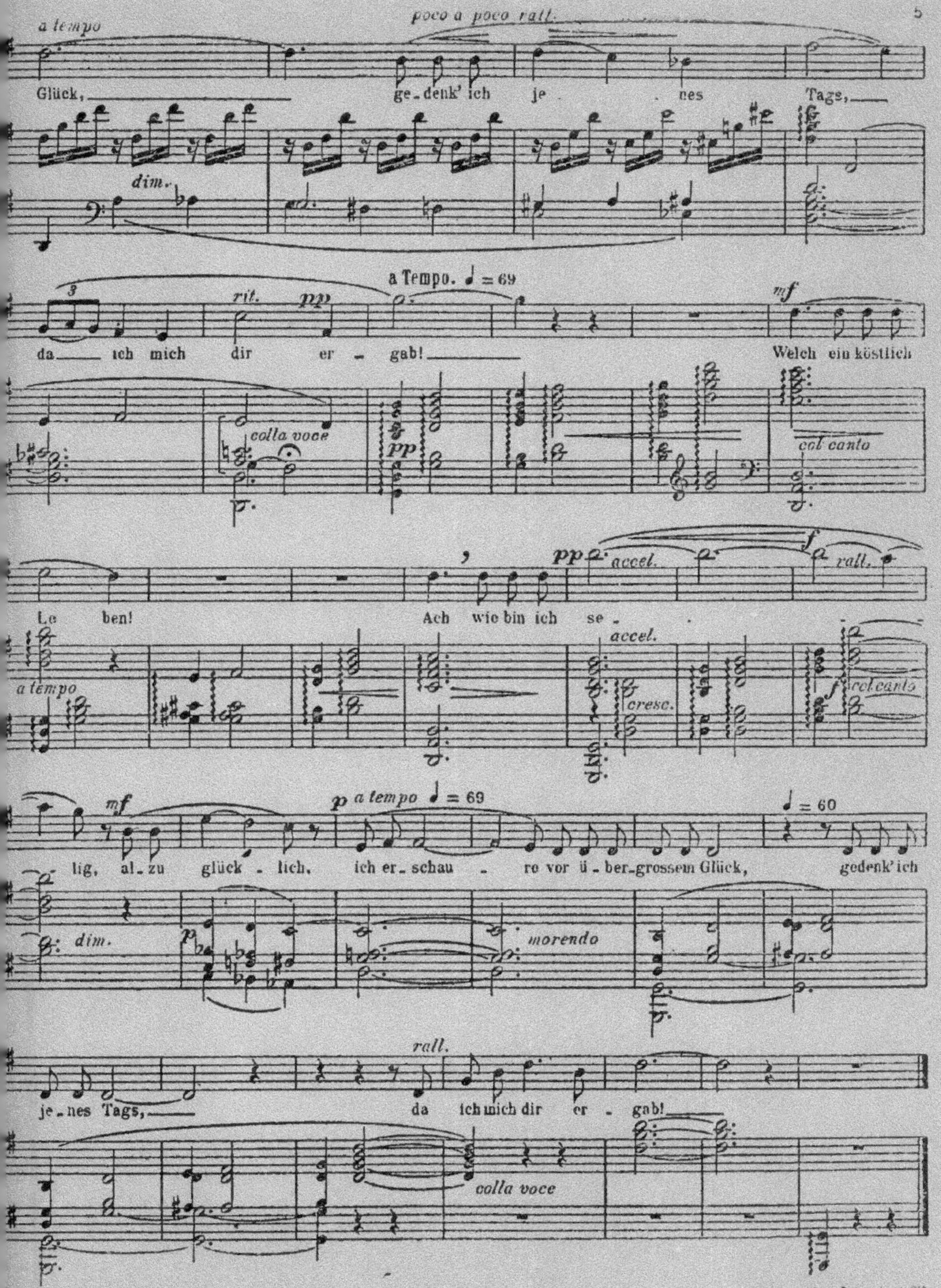

Imp. Delanchy & Cie

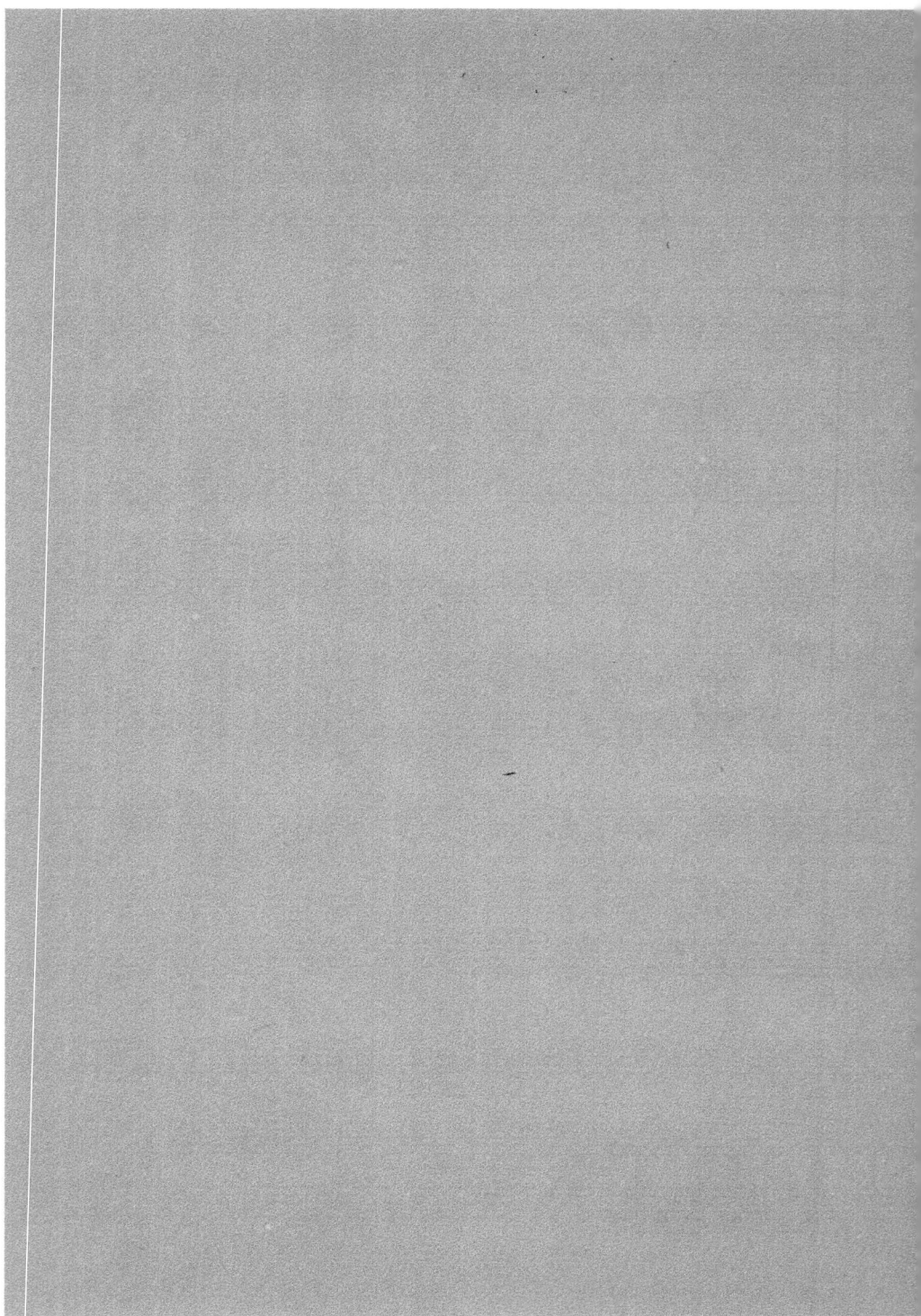

ntrückten Kreis künstlerischer Vorstellungen, der
ı einer wundervollen Abstraktion unsere Phantasie
eitet. Seiner Orchester- und Chorkomposition
es „Taillefer" kommen dieselben Vorzüge zu. Ich
ehe Bilder: blitzende Schwerter, wogende Massen,
nd zwischendurch wie blinkende Wahrzeichen ein
errissenes Volkslied.

SEINE LIEDER, SEINE SYMPHO-
nien, seine Chöre nimm zusammen, und Du hast die Opern
Ein Gesamtkunstwerk der Anlagen
ein innerer Staatenbau wird die
Oper immer sein, auch ohne daß
man dies gesteht. Straußens Natur
ist nicht von Grunde dramatisch
aber das Drama ist ihm eine Erfüllung aller musikalischen Wünsche, wie sie die einzelne Gattung
ihm nicht bieten kann. Es gibt ihm den ausge-
sprochenen Zusammenhang mit dem geistigen, literarischen Gegenwartsleben, gibt ihm die Möglichkeit
durch Menschenstimmen die Symphonie zu erhöhen
und das Programm zu einem notwendigen Bestand-
teil des Kunstwerkes zu machen. Es liefert ihm
einen prächtigen Fond für seine musikalischen
seine orchestralen Impressionen. Nie wird er anders
zum Drama stehen. Er wird es immer stärker kultivieren, weil es immer breiter die einzelnen Ströme
seines künstlerischen Lebens aufnimmt, aber, wohin
er sich in der Zukunft auch wenden wird, es wird
ihm jenes nur die stoffliche Anregung zu einer sinnlichen Symphonie, zu einer präzisen Orchesterfarbe
zu einer durch bekannte Handlungen, hörbare Worte
sichtbare Vorgänge auf die letzte Linie des Aus-
druckes gebrachten Musik geben. Hier spielen sich
die interessantesten Konflikte der modernen Musik
ab. Insofern als er ein Symphoniker in seiner musi-

alischen Anschauung ist, setzt er das Prinzip Wag-
ers fort. Da er aber einseitiger als Wagner das
rchestergedicht kultiviert, spricht er allmählich hier
ine andere, eine eigene Tonsprache: in Instrumenten
nd in der Erfindung, im Rhythmus und in der Stimm-
ührung. Die moderne französische Schule, die von
Vagner nur gereizt ist, im Innersten ihm aber feind-
ch gegenübersteht, ist dadurch von Anfang an kon-
equenter, daß ihr die Möglichkeit wurde, Wagners
anzes motivisches Prinzip, das psychologische Gerüst
er Leitmotive, welches für das architektonische
rüherer Zeiten eintrat, zu leugnen. Sie wollen nur
chwimmen, entwickeln, mit Musik verfolgen, in der
ituation aufgehen, ohne jede methodische Bindung
nd ohne jeden anderen Zwang als den des erfin-
erischen Geistes. Strauß ist noch nicht auf diesem
unkte. Noch glaubt er an die motivische Wahrheit
nd nimmt ihr Dogma, freilich immer mehr ohne
athos und Gebärde, in seine unwagnerische Musik auf.

Seine drei Opern sind für die Stellung des deutschen
Iusikers zu Wagner sehr charakteristisch. ,,Gunt-
am", den er nach des Meisters Muster noch selbst
ichtete (Musikerdichtungen haben heute etwas mit-
eiderregend Gläubiges, Nachbetendes, Unbeholfenes),
st in seiner Faktur wagnerisch. Die Wagnersche
onsprache ist nicht bloß in der ganzen pathetisch
estikulierten Melodie- und Harmonieführung ge-
lieben, sondern sogar sehr stark in einzelnen auf-
allenden Reminiszenzen. Trotzdem findet man in

der Gegend der Motive des „Bundes", dem Guntram
als Helfender angehört, wie Lohengrin, gerade in dieser
Gegend schon echt Straußsche mehr diatonisch ge-
haltene, eigen geschnittene, aus reinen Gebilden ab-
soluter Masik gewonnene Ausdrucksformen. Wie
diese in ihrer frischen Primitivität in das Blumen-
reich Wagnerscher Harmonien eingesetzt sind, gib
dieser Oper heute noch einen besonderen Mischreiz
Da sie fast ganz von einem symphonischen Willer
geschrieben ist und gegen die dramatischen Möglichkeiten der Bühne genial rücksichtslos wird, erlebte
sie nicht den äußeren Erfolg, der ihrer hinreißender
Wärme und schwelgerischen Schönheit gegönnt gewesen wäre. Strauß selbst hat sie mit den späterer
Werken getötet. Wenn auch Guntram aus der heiliger
Wagnerschen Erlösungswelt durch eine Art Nietzsche-
scher Selbstbestimmung sich herauszuheben suchte
so blieb dies mehr im Gedanken und im Texte, als
in der Musik. Und zuletzt half ihm das Nietzsche-
tum doch nicht, das geliebte Weib zu freien, wei
er sich in der schönen breiten Gesdurentsagung so-
wohl theoretisch als musikalisch wohler zu fühler
schien. Man mußte also Guntram dem Wagnerscher
Andenken opfern und zu neuen Taten schreiten.

Dazu war die „Feuersnot" ein großer Schritt
Nicht bloß als Einakter, der von selbst zu einer
strafferen Führung zwingt, sondern vor allem ir
seinem volksmäßig-ironischen Ton, den Wolzogen der
Komponisten unterbreitete. Herr Kunrad ist klüger

FEDORA

DRAMMA IN TRE ATTI DI

UMBERTO GIORDANO

PREGHIERA DI FEDORA " Dio di Giustizia "

per Soprano con accompagnamento di Pianoforte.

$\downarrow = 69$

All° mosso

E   1009   8

Moderato ♩ = 96

Dio di giu - sti - - - - zia
che col san - to ci - - glio
scru - - ti le an - - go - - - scie e
no - - ve - - ri i ri - - mor - - - si;

p e ben marcato il canto

B   1000   8

Dio_____ di pie _ tà,_____ che non ri _ cu _ si a _

_ scol _ _ _ to   a   chi   t'im _

_ plo _ _ _ _ _ ra   per   l'al _ _ trui   sa _

In . . . . . . te, non in . dul . . ge . re a me, che so . . no in . . de . . gna, ma sal . va Lo . . . . . ris, sal . va l'a . mor mi . . . o!

ls Guntram, und moderner. Guntram hatte sich
on einem alten mystischen Bunde befreit, der ihm
wohl geholfen hatte, Menschen zu beglücken, aber
nicht sich und seine Liebe. Doch er hat Gewissens-
qualen parsifalischer Herkunft und verzichtet im ge-
eigneten Momente auf sein Recht und sein Glück.
Kunrad verzichtet nicht darauf, er erwacht zum Leben
durch die Liebe, er zerstört seine Vergangenheit und
setzt sich über den Spott durch die Rache weg, indem er den guten Münchenern das Feuer nimmt,
das sie ihm nicht gönnen wollen. Das finde ich viel
besser und musikalisch viel fruchtbarer. Denn jetzt
konnte man neue Töne anschlagen, die Tragik ver-
lachen, die Lust loben und heitere Lieder singen von
der Sonnwende. Früher liebte ich in der ,,Feuers-
not'' fast nur die Musik, diese sprühende, glitzernde,
halb volksmäßige, halb kulturelle Tonsprache, die
nur naiv einem doppelzüngigen, halb ironischen,
halb lyrischen Stoffe zu folgen schien; ich liebte die
wundervolle Steigerung, die Strauß stets so ausge-
lassen rhythmisch auf ein stürmisches Alla breve
hinzuführen weiß; liebte den prächtigen Chor des
Volkes in der Finsternis mit seiner graulich-natura-
listischen Färbung und seiner märchenhaften Wirk-
lichkeit; liebte die schöne zurückhaltende Lyrik dieser
flämmernden Liebe ,,Herzensnot — o wär ich tot''.
Jetzt, in dem Zusammenhange, von dem wir sprechen,
kommt noch eine Genugtuung hinzu zu dieser Bewunderung, wie durch den Lebensgang Kunrads ab-

sichtlich alles Ererbte und Vergangene in eine Zauber-
sphäre von Riesen und Göttern zurückgeschoben wird
die musikalisch durch Zitate des Riesen- und Wal-
hallamotivs illustriert wird, die im Text sogar durcl
ein Wortspiel mit dem Namen ,,Wagner" angedeute
ist, die in der Handlung als eine Erinnerung un
ein Vermächtnis des alten Zaubermeisters wirkt, un
in Wagnerscher Sprache und Wagnerscher Dämoni
noch einmal aufzusteigen und dann für immer i
die heitere Gegenwart unterzugehen. Dies ist de
eigentliche psychologische Inhalt der ,,Feuersnot'
ein gutes Symbol für das Erleben eines neuen, nach
wagnerschen Herzensfrühlings.

Der ,,Guntram" war eine Schuloper, die ,,Feuers
not" eine persönliche Aussprache, die ,,Salome" ei
stoffliches Interesse. In der ,,Feuersnot" definier
Strauß auf eine merkwürdig diskrete Art seine Selb
ständigkeit gegen den Ahnen Wagner. In der ,,Sa
lome" führt er sie durch, er bekennt sich zur Ol
jektivität des Orchesters, zur Poesie der Technil
zur Herrschaft der Musik über die Bühne. Er weck
wie in seinen Symphonien, die schlafenden Götte
der Instrumente, nachdem er die abgelebten Götte
der Weltanschauungen erledigt hat. Er geht vo
Wagner zu Berlioz und Liszt. Die ,,Salome" muß
für Wagnerschüler etwas höchst Befremdendes habe
für Straußkenner etwas ganz Selbstverständliche
Wir haben sie bei der ersten Aufführung in Dresde
zusammen gehört. Du hattest ein wundervolle Naiv

tät mitgebracht, die meine Eingenommenheit bald in
Klarheit auflösen mußte. Du fragtest mich. Ich
hätte damals diese Fragen zu Überschriften machen
können, um in einem Zeitungsreferat das neugierige
Publikum in allen Ressorts der Kunst zu informieren.
Heute lege ich Dir diese Fragen wieder hin, um Dir als
Schluß meiner vielleicht etwas launenhaften, aber
mich selbst beruhigenden Darstellungen diese Analyse
des letzten Straußschen Werkes anzubieten, wie eine
offene Unterhaltung, die der Zukunft Wünsche, aber
keine Befehle entgegenbringt.

Findest Du diese Dichtung, ist die erste Frage,
geeignet zur Komposition? Geeignet? Ich kenne
keinen besseren modernen Operntext, Wildes Stück ist
das Muster dafür. Es setzt eine bekannte Handlung
voraus, was für die Oper immer von Vorteil ist, und
läßt darin das Menschliche, Besondere mit schärfster
Beobachtung hervortreten, wahrt den großen welt-
historischen Zug und schüttet eine Fülle von Blumen
und Juwelen darüber, die zugleich das orientalische
Kolorit geben und einen schönen rhythmischen Stil
formen. Dem Komponisten sind die Steigerungen
und Akzente ganz von selbst gegeben. Die Ent-
wickelung über die Salome-Johannes-Szene, das Juden-
gezänk, den Tanz, die Angst des Herodes und die
Zwiesprache mit der Silberschüssel geben ein voll-
endetes musikalisches Drama, Motive des Adagios,
des Scherzos und des breiten Finales, religiöse Romantik und sinnlichen Rausch, den Zusammenstoß

antiker Lebenslust und christlicher Askese in einer
so neuen geistreichen und menschlich charakterisierten
Form, wie es sich viele Opern wünschen könnten,
die auf dieser bunten Grenze zweier Reiche spielen.
Welcher Rhythmus! Die gesteigerten Wiederholungen
des Pagen: „Sieh sie nicht so an", der Salome:
„Dein Leib ist weiß, dein Haar, dein Mund", des
Johannes: „Zurück, Tochter Babylons", und die
wachsende Forderung der Salome: „Ich will den Kopf
des Jochanaan", das sind Cäsuren, die ganz von selbst
dem Musiker die Form seiner Arbeit erleichtern, indem
sie ihm Abschnitte und Crescendi vorschreiben. Für
eine größere Aussprache des Orchesters ist ebenso
von selbst der Abgang des Johannes und dann der
Tanz gegeben, dort das Ernste, hier das Passionierte,
so daß die Triptychonform, die dem Einakter gut an-
steht, sich vortrefflich einrichtet. Chöre sind nicht,
das ist richtig. Ein durchschnittlicher Opernkomponist
würde sie mit Leichtigkeit hinzumachen, aber ein
Genie braucht sie nicht, er braucht den solistischen
Charakter dieser Dichtung nicht zu stören, wenn er
nur sonst seiner Sache sicher ist. Die Juden geben
ja in der Mitte ein fugiertes Ensemble von genügender
Stärke und humoristischer Kraft.

Ja aber ist der Text nicht selbst schon so musikalisch, daß er die Musik nicht braucht? Ich finde
nicht. Als ich das Stück sah, hatte ich im Gegenteil
besonders in der zweiten Hälfte das Gefühl, hier
blühten die Worte gar zu lüftig, die Apotheose der

Photographie C. J. v. Dühren, Berlin.

OSKAR FRIED.

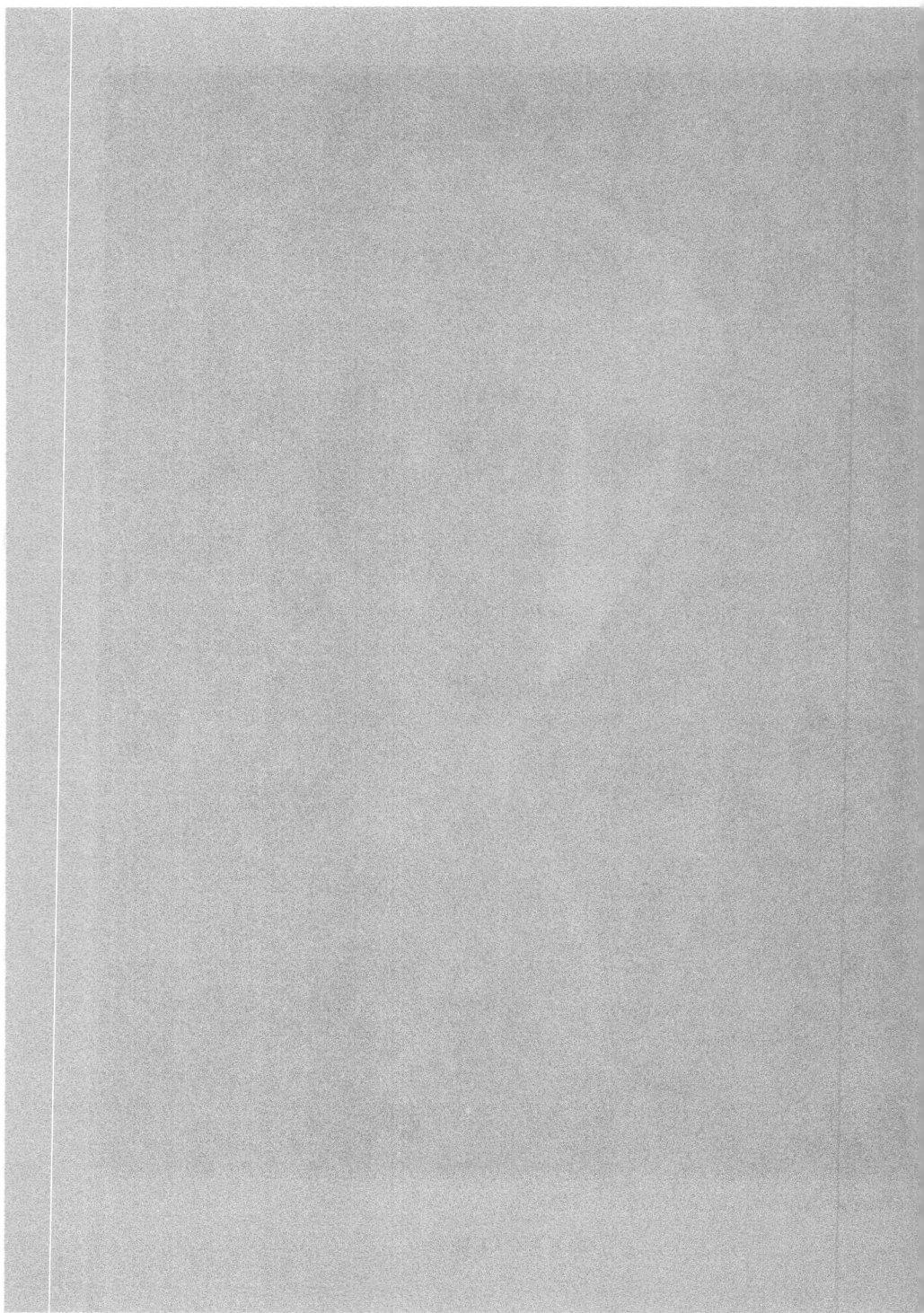

Silberschüssel sei gar zu phrasenreich und dekorativ,
schöne Worte ohne jede seelische Vertiefung, Bilder
ohne Erlebnis, und ich hörte eine heimliche Musik
klingen, die ich mir laut wünschte, hier und beim
Johannes und in der ganzen Tragödie, die durch ihre
Symbolik eine Verewigung verlangt, die nur die Musik
geben kann. Aber was ist das: Braucht das Stück
Musik? Braucht die Bibel Wilde? Braucht Wilde
Beardsley? Ein Baum wächst und pflanzt sich fort.
Die Musik ist nicht dazu da, zu illustrieren, sie reizt
sich an einer Vorlage und spricht dann ihre eigene
Sprache. Braucht Sophokles Hofmannsthal? Neue
Dinge werden aus alten Reisern, und wenn sie lebens-
fähig sind, wachsen sie ihren eigenen Wuchs, um
einst wieder Kinder zu zeugen. Wilde dichtete, Strauß
komponierte. In diesem Augenblick war Wilde nur
geboren, damit Strauß leben könne. Er ist kein
Beamter, kein Librettovertoner, er ist ein Künstler,
und Schiller, Nietzsche, Rückert, Shakespeare, Don
Juan und Oskar Wilde dienen ihm willig, wie diesen
andere dienen.

Aber ist es überhaupt möglich, Perversität in
Musik wiederzugeben? Kindische Schlagworte Perversität und Dekadenz. Dekadenz sehe ich nur in
einer Unproportionalität der Kräfte gegenüber dem
Ziel, und ich wünschte vielen diese Dekadenz der
Salome, die so garkeine ist, da sie kraftvoll und
energisch ist und so groß: in den letzten Sensationen
der antiken Welt liebt sie das Blut und das Asketen-

tum des Propheten, liebt es sinnlich und gierig, j
aber nicht anders als eben die antike Seele zulet:
das Christentum heiß umarmte. Wo willst Du d:
Grenze ziehen zwischen dieser sinnlichen und geistige
Liebe? Ich kann es nicht, ich sehe in der Männe
freundschaft der Griechen beides und hier nicht ander
Höchste, raffinierteste Passionen schaffen hier ar
Weltenwerk, und wenn man dies pervers oder dekadeı
nennt, so könnte man beinahe Jehovah auch m
diesen Epitheta belegen, was im philosophischen Sinr
wahrlich kein übler Witz wäre. Handelt es sic
aber um große, weltbewegende Leidenschaften, ş
wüßte ich nicht, welche Kunst schneller herbeieile
würde, sie zu verherrlichen, als die Musik. Es i:
keine Bürgerliebe am Sonntag Nachmittag, es i:
Weltenliebe und Weltenkeuschheit am letzten Tage
Strauß reizte es, seinen sprühenden Geist, sein
schimmernde Technik über diese Salomewelt aus
zuschütten und das Artistische ihrer Kultur in de
raffinierten Mischungen seiner Palette wiederzugeber
Er war auf der geistigen Höhe dieses Textes. Ein
überströmende Leidenschaft war niemals sein Metieı
Seine Kunst war immer, wie Herodes sagt, ein „Opa
der ewig funkelt in einem Feuer kalt wie Eis'
Massenet hätte aus der Salome eine passionierte Wild
gemacht, Gounod eine Kokotte, Wagner eine Philc
sophin des Lebens, Strauß zeichnet unter Verzich
auf alles Unreif-Dämonische den Kreislauf ihres Blute
und des Blutes ihrer Umgebung, das kühlbewußt

piel ihrer Seelenkräfte, wie Beardsley aus demselben
`ext die geistvollen Visionen seiner ornamentalen
Velt gewann. Nein, Strauß hat nicht Wilde kom-
oniert, nicht einmal die Dekadenz und Perversität,
ie man in diesem Stoff zu sehen glaubt, er hat nur
ich komponiert, unter dem Reiz der Salomewelt,
nter der Benutzung der literarischen Formung Wildes.
n ihm schwingt dieses Tonmeer, und hier fand er
as Gefäß, die Silberschüssel, es darzubieten und
uszugießen. Was ist Salome? Ein Wort, das in
Iunderten von Künstlern schon Hunderte von Welten
uslöste.

Wie aber denkst Du nun über die Musik an sich,
ie Strauß machte? Die Musik finde ich, rein sym-
honisch genommen, grandios, original und vielfach
o neu, daß ich mich nicht erinnere, in letzter Zeit
rgendwo sonst einen so deutlichen Schritt in der
Kunst gesehen zu haben, ein Schritt, der nicht mehr
urückzumachen ist. Die Polyphonie der Stimmen,
ie Kühnheit der Akkorde, unaufgelöste Vorhalte, das
anze schwirrende und geheimnisvolle Spiel der tonalen
Iervenstränge, die Mischung dieser Tonalitäten, die
Klangwirkungen, die Farbenverteilung, die Charak-
eristik — das alles ist für einen Musiker von be-
auschendem Interesse. Wer einen freien Kopf und
in freies Ohr hat, nimmt hier Perspektiven wahr,
ie uns zeigen, daß es mit dem musikalischen Aus-
ruck noch lange nicht zu Ende ist, daß wir in Ver-
.röpfungen und Ausschaltungen noch lange nicht

auf den unfruchtbaren Steinen gelandet sind. Strau
entwickelt in äußerster Konsequenz die wesentliche
Qualitäten unserer neuen Musik, die sich von d
architektonischen des klassischen Zeitalters imm
mehr zu emanzipieren beginnt: die melodische Ha
monie. Die reine Melodie ist ihm wenig, sie biet
sich heute nicht als geeignete Form unserer musik
lischen Wünsche dar, sie bedeutet nur lyrische Höh
punkte, wie sie hier besonders am Schluß sich bilde
oder etwa in der Mitte des Tanzes, bei allen Ve
dichtungen, die zur Stilisierung führen. Selbst d
Motiv ist nicht seine Hauptstärke. Die Salom
motive sind reizend vielfältig, Herodias, die Jude
der wehende Wind, alle haben ihre Signaturen, d
sich zu wandelnden Symbolen zusammenfinden, ur
im einzelnen gibt es oft entzückende Einfälle ein
motivischen Beziehung von Text und Musik. Abe
eigentlich ist nur das Johannesmotiv, das, so gar
unabhängig vom Parsifal, eine starke romantisch
Prägung führt, als konturbildend von besonderer Be
deutung. Es ist sehr schön und gibt die ergreifendste
Stellen der Partitur. Es bestürmt unser Herz un
fliegt ahnungsvoll durch die Lüfte, vermählt sich z
einer glorreichen Steigerung mit dem Motiv, da
sich aus den Worten Salomes „Laß mich den Mun
küssen" musikalisch abstrahiert, und keucht in Ve
zerrung in dem seelischen Geständnis, das der sym
phonischen Dichtung von Salomes Tanz zugrund
liegt. Doch es wäre unverhältnismäßig, von dieser

inzelnen Motiv zu reden, ihre Verstrebung und Ver-
ankerung ist die eigentliche Arbeit der Musik, und
iier. hängen alle Motive und Gedanken in diesem
wundervollen Gewebe der melodischen Harmonie, die
len Akkord nach der Gangart und dem Wesen des
melodischen Tons erfindet und die absolute Tonalität
icht mehr als Stil, sondern als eine besondere Aus-
drucksnuance verwertet. Wir werden auf diesem
Wege die Prinzipien des 17. Jahrhunderts in einer
modernen Form, ganz seelisch und ganz malerisch,
eu aufleben sehen. Geheimnisvolle Triller benutzt
Strauß zur schroffen Überleitung scharf benachbarter
Tonarten, über das Johannesmotiv in $^4/_4$ von Hörnern
ind Violin-G-Saiten baut er ein Pizzikatothema in
$/_4$. Die Orgel hält beim mystischen Kuß der
Salome einen cis-moll-Akkord, in den alle benachbarten Sekunden hineinklingen und, an dem Faden
eines Violintones, in den Bläsern querständig ihr
zuckendes Motiv niederhängt. Ich könnte so etwas
dauernd hören, weil ich ohne Schmerzen eine Weiter-
bildung meines Sinnes wahrnehme. Und dann der
furchtbar schöne reine cis-moll-Akkord auf dem
etzten Fluch des Johannes, der unerwartet und tief
uns trifft: Du weißt nicht, wie ein feinfühliger Mensch
sich in diese Schönheiten vergraben kann, wie sie
ihn Tag und Nacht verfolgen und er sein inneres
Leben davon gestaltet sieht. Es sind Eroberungen
seiner Seele, und sie erhöhen das Gefühl, von dem
wir leben: die Lust an der Gegenwart.

Dies mag sich wohl auf das Orchester beziehen,
aber wie ist es mit dem Gesang? Verlangt Strauß
nicht Unmenschliches? Gewiß, jedes Genie verlangt
Unmenschliches. Aber gerade am Orchester hattest
Du gesehen, daß es geht. Du weißt nicht, was wir
damals erlebt haben: einen der größten und ge-
lungensten Siege des modernen Orchesters. Wir sind
uns alle einig, daß es wunderbar klang, daß ein nie
gehörter Zauber unserem Ohr schmeichelte, aber auch
dies wollte erobert werden. Strauß nahm sich einen
Orchesterapparat von sechzehn ersten Violinen und
zupassenden Streichern, neunzehn verschiedenen Holz-
bläsern, unter die er das Heckelphon einreihte, die
Vervollständigung der Oboengruppe im Baß, von fünfzehn Blechbläsern, vier Pauken und der ganzen
Heerschar der Schlaginstrumente, Glockenspiel, Xylo-
phon, Harmonium, Orgel, Celesta, Harfen — eine
Truppe von über 100 Musikern, von denen er die
Streicher vielfach nach Pulten teilte und überall die
Virtuosität des Einzelnen verlangte. Bei Johannes
Tod spielen nur die geteilten Kontrabässe, einige
heruntergeschraubt, andere mit dem Effekt (den
Berlioz erfand) eines ganz hoch gegriffenen, schauri-,
klagenden, rutschenden Tones. Ich habe bisher die
Partitur einige Stunden lang studiert, Du ahnst nicht,
welche Orchesterphantasie und welcher Farbenimpres-
sionismus darin steckt. Strauß ist ein unbestrittene-
Techniker, ein Genie in neuen Kombinationen, abe-
er ruft die letzten Flageoletts der Harfen an, ihn

dienen. Was Du damals hörtest, war eine voll-
dete Wiedergabe seines sprühenden, funkelnden,
taillierten Orchesters — was die Bühne uns gab,
ar nur eine teilweise Erfüllung. Strauß schreibt
e Singstimme kühn nach absoluten Gesetzen, nicht
sanglich, aber neu, frei, in eigenen Takten, eigenen
narten, bis zur völligen Dissonanz des Sprechtons.
agner ist beinahe stilisierend gegen ihn. Wer kann
s so schnell? Burrian war der einzige, der auf
r Bühne Straußisch musizierte, exakt und doch
bendig, musikalisch und doch ausdrucksfrei. Perron
s Johannes hatte es ja noch am leichtesten, er
wegt sich in wirksamen und langsamen Modu-
tionen. Frau Wittich, an und für sich dem Salome-
esen fremd, mühte sich in künstlichen Kopftönen,
natürlicher Leichtigkeit, diesen wahnsinnig an-
rengenden Gesang zu bezwingen und konnte doch
hließlich nur ein gewisses allgemein dramatisches
teresse für sich in Anspruch nehmen. Du weißt, wie
n diese Künstlerin verehre. Ich bewundere den Eifer,
it dem sie studierte. Aber ich kann mir eine
lome denken, die wie Schuch mit dem Orchester,
mit ihrem Gesang die Oper in ungeahnte leiden-
haftliche, leuchtend-rote Höhen hebt, die auch über
e Art der Straußschen Auffassung die Meinung
hr modifizieren könnten. Deswegen erwähne ich
lche Dinge.

So findest Du, jene erste Aufführung sei nicht
s letzte Wort in der Sache? Es fällt mir schwer,

darauf zu erwidern, denn ich fand die Aufführur
an sich so unermeßlich verdienstvoll, daß Nebe:
umstände kaum in Betracht kommen. Aber wer
ich es schon sagen soll, das Eine wenigstens, d
Tanz der Salome lebt anders in meinem Kopfe. Jed
hat's damals dem andern unterm Siegel des Schwe
gens erzählt, daß Frau Wittich gar nicht getanzt ha
sondern eine Tänzerin an ihre Stelle trat, ihr vol
kommen gleich, und zuletzt wieder von ihr abgelö
wurde. Es war sehr geschickt gemacht. Aber leid
mußte die Tänzerin sparsam in ihrer Leidenscha
sein, um die Illusion nicht zu zerstören. Das wa
sehr schade. Der Tanz ist ein etwas langes Orcheste
stück von sich steigernden Rhythmen und resol
naturalistisch, sieben Enthüllungen bis zur Nackthei
Er verlangt eine Orgie, bei der Tänzerin und de
Herodesgesellschaft. Man tanzt hier nicht um ein
Liebeslaune, sondern um die Weltseele. Ich verlang
die letzte Extase. Gut, man soll ruhig eine Tänzer
nehmen. Aber dann soll die Bühne zittern, und e
wird in diese Szene ein Crescendo kommen, das fü
die Wirkung des Stückes von ausschlaggebender Be
deutung ist. Die Komposition verlangt es, der Sto
ebenso, und wir erst recht. Damals war es ein
zahme und verlegene Tanzaufführung.

Glaube ich also fest an die Zukunft dieser Sa
lome, an ihre dramatische Kraft und Popularität
Nein, jetzt fragst Du mich zu viel. Bin ich ei
Prophet und ein Liebhaber des Volkes? Ich seh

laß Strauß in diesem Stücke enorme Fortschritte machte, nicht bloß musikalisch, sondern auch als Dramatiker, als einheitlicher Gestalter — und für das Drama hat Wilde selbst so wundervoll gesorgt. „Drama" ist schon so vieles gewesen, laßt auch dieses eines sein. Ich nehme es gern als Form hin, weil ich dankbar bin, erlebt zu haben, wie ein Genie die Dinge neu ansieht und meisterlich formt. Die Zukunft können wir nicht lenken. Möglich, sie wird mehr artifiziell, dann wird dies Stück „populär" sein. Möglich, dies Stück bahnt nur die Wege, dann wird es mindestens ein Vorläufer sein, wenn ihm auch noch so viele Henker den Kopf abschlagen. Möglich, es ist für Strauß selbst eine Stufe — was nützt es, darüber zu phantasieren? Jeder einzelne stelle sich nach seinem Gewissen dazu, und wem es die Tore der Phantasie weiter öffnet, der wird in der Gewißheit der eigenen Lebenstärkung die Ungewißheit der populären Zukunft froh verschmerzen. Mehr weiß ich nicht. Und lebe wohl!

Verlag von Adolph Fürstner in Berlin.
Copyright 1901 by Adolph Fürstner in Berlin.

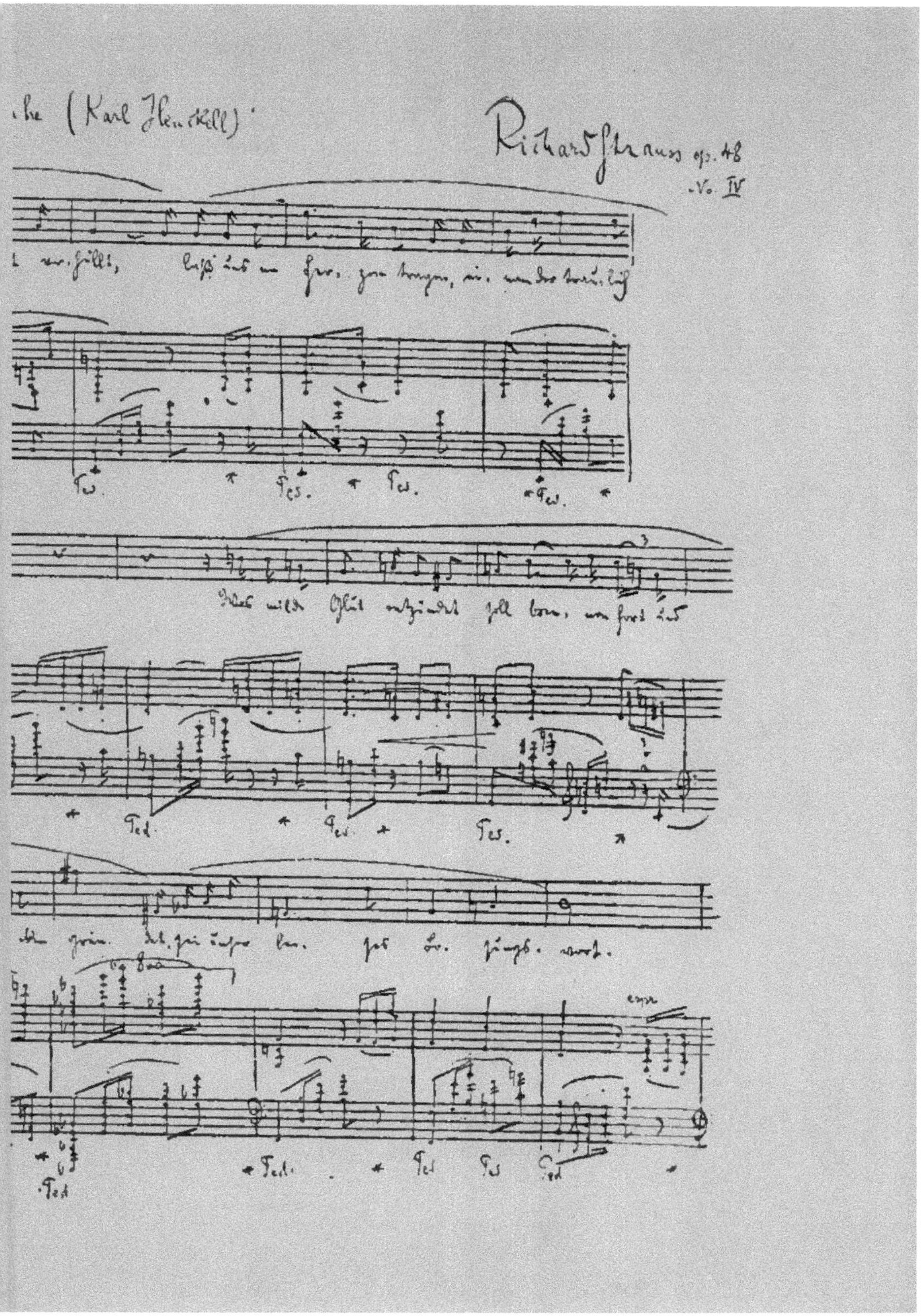
(Karl Henckell)
Richard Strauss op. 48
No. IV

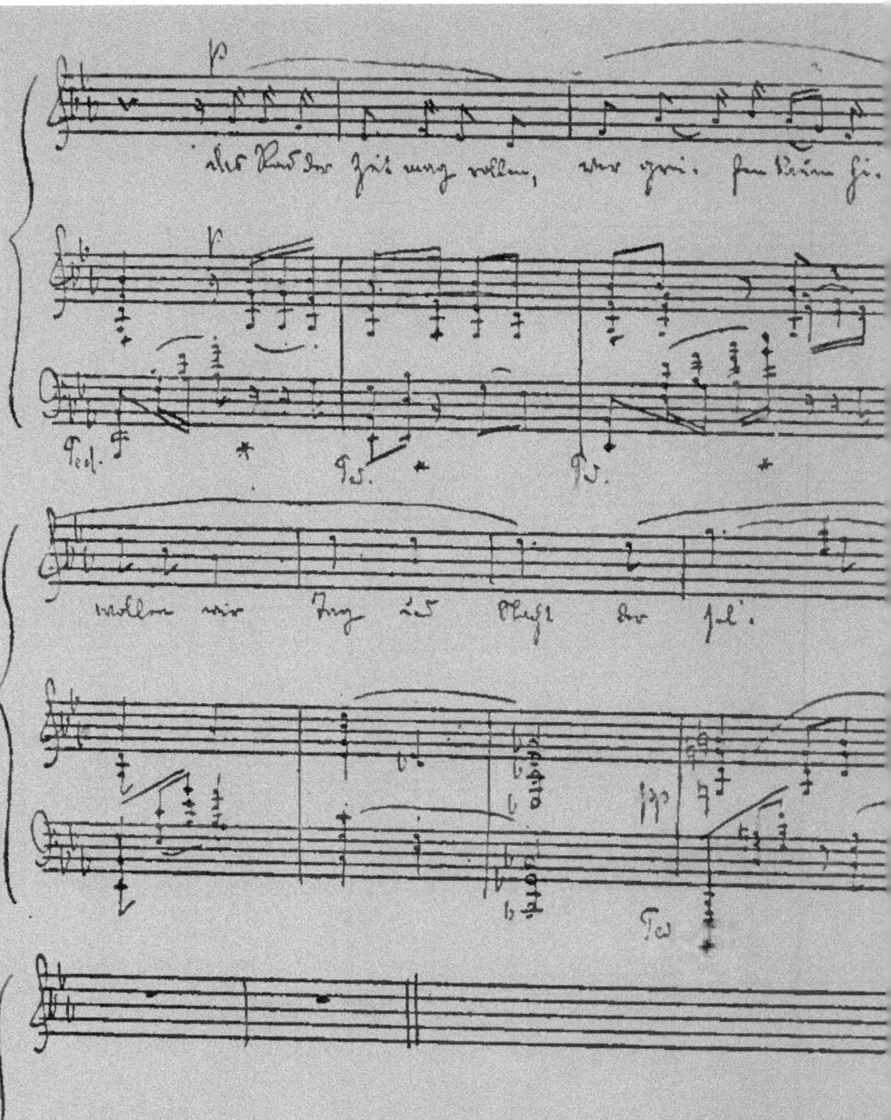
Charlottenburg, 23.

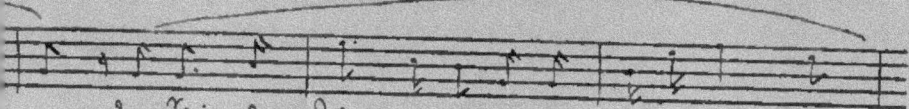

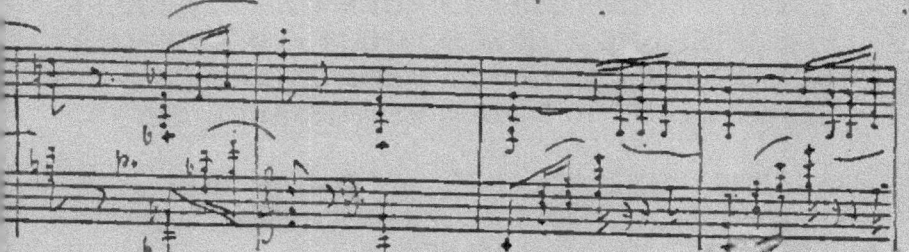

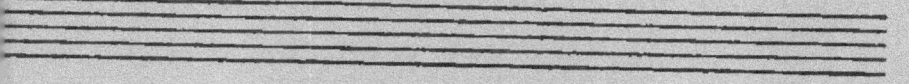

DIE MUSIK

Sammlung illustrierter Einzeldarstellungen

Herausgegeben von RICHARD STRAUSS

Weitere Bände in Vorbereitung

Jeder Band, in künstlerischer Ausstattung mit Kunstbeilagen und Vollbildern in Tonätzung kart. .. M. 1.50
ganz in Leder gebunden .. .. M. 3.—

BARD, MARQUARDT & Co., BERLIN W. 50

DIE KUNST

SAMMLUNG ILLUSTRIERTER MONOGRAPHIEN

Herausgegeben von RICHARD MUTHER

Band   *Bisher erschienen:*

Fortsetzung auf nächster Seite

BARD, MARQUARDT & Co., BERLIN W. 50

DIE KUNST

SAMMLUNG ILLUSTRIERTER MONOGRAPHIEN

Herausgegeben von RICHARD MUTHER

Weitere Bände in Vorbereitung

Jeder Band, in künstlerischer Ausstattung mit Kunstbeilagen, in Heliogravüre, Farbendruck etc., kartoniert ... . M. 1.50
ganz in Leder gebunden .. .. M. 3.—

BARD, MARQUARDT & Co., BERLIN W. 50

DIE LITERATUR

Sammlung illustrierter Einzeldarstellungen

Herausgegeben von **GEORG BRANDES**

Fortsetzung auf nächster Seite

BARD, MARQUARDT & Co., BERLIN W. 50.

DIE LITERATUR

Sammlung illustrierter Einzeldarstellungen

Herausgegeben von **GEORG BRANDES**

Band   *Ferner erschienen:*

15. DAS BALLET von OSCAR BIE
16. HEINRICH VON KLEIST von ARTHUR ELOESSER
17. DIE GRIECHISCHE TRAGÖDIE von HERMANN UBELL
18. THEODOR FONTANE von JOSEF ETTLINGER ⌐
19. ANNETTE V. DROSTE-HÜLSHOFF von GABRIELE REUTER
20. ANATOLE FRANCE von GEORG BRANDES
21. SCHILLER von SAMUEL LUBLINSKI
22. MAETERLINCK von JOH. SCHLAF
23. DIDEROT von RUD. KASSNER
24. MAUPASSANT von FELIX HOLLAENDER
25. CONRAD FERDINAND MEYER v. OTTO STOESSL
27. RAINER MARIA RILKE von ELLEN KEY
28. EMILIE ZOLA von M. G. CONRAD
29. ARIOSTO von G. J. WOLF
30. FRITZ REUTER von F. DÜSEL
31. HANNS SACHS von HANNS HOLZSCHUHER
32—33. HENRIK IBSEN von GEORG BRANDES

Weitere Bände in Vorbereitung

Jeder Band in künstlerischer Ausstattung mit Kunstbeilagen, Faksimiles und Porträts, kartoniert .. *M. 1.50*
ganz in echt Pergament gebunden .. .. .. *M. 3.—*

BARD, MARQUARDT & Co., BERLIN W. 50

Flugblätter für künstlerische Kultur.

Die „Flugblätter" möchten ein Programm erfüllen, das darin seinen Weg sieht, Geradheit und Ehrlichkeit auf allen Straßen unserer ästhetischen Kultur zu predigen, mit der temperamentvollen Energie eines Vorkämpfers Kulturlügen aufzudecken, Scheinkünste auseinanderzuzerren, daß wir endlich wieder den Blick zum Freien, Offenen gewinnen. Sie werden überall da anpacken, wo ein freies Wort in Dingen des Hauses und der Schule, der Straße, der Gesellschaft und des öffentlichen Lebens bitter not tut und sie haben, wie schon ihr erstes Auftreten beweist, immer den rechten Mann für das rechte Wort gewählt. Werden doch die Besten, die das Volkswerk freudig begrüßt haben, an dieser Arbeit helfen. Und da die „Flugblätter für künstlerische Kultur" einen Willen darstellen, werden sie auch eine neue Form periodischer Literatur zum Ausdruck bringen: in der gründlichen Einzelbetrachtung unserer brennendsten Fragen künstlerischer Kultur, durch lebendige Behandlung und anschließende Rundschau über die Bewegung der Frage.

Erschienene Hefte:

Heft 1: Habe ich den rechten Geschmack? Von Prof. Dr. Paul Rée, am Kgl. Gewerbemuseum in Nürnberg.

Heft 2: Kultur der Feste I. Illustriert. Von Willy O. Dreßler in Berlin.

Heft 3: Neue Theaterkultur. Illustriert. Vom modernen Theaterbau. Von Regierungsbaumeister Karl Moritz — Zur Theaterreform. Von Dr. Herbert Eulenberg — Die neue Szene. Von Dr. Felix Poppenberg.

Heft 4: Vom Kulturgefühl. Illustriert. Von Willy Leven. (Enthält das Programm des gesamten Unternehmens.)

Demnächst erscheinende Hefte:

Heft 5: Die bunte Menge. Von Geh. Regierungsrat Professor Dr. W. v. Oettingen.

Heft 6: Der Tanz. Illustriert. Von Georg Fuchs.

Die zum Teil illustrierten, durchschnittlich etwa drei bis vier Bogen in Lexikonoktavformat umfassenden Hefte werden in zwangloser Reihenfolge erscheinen zu folgenden Preisen: der Einzelpreis des Heftes beträgt 80 Pf. = 96 h ö. W., der Subskriptionspreis 60 Pf. = 72 h ö. W. Jede Buchhandlung kann auf Wunsch die ersten vier Hefte auch zur Ansicht liefern; wo Schwierigkeiten entstehen sollten, wolle man sich direkt an die Verlagsbuchhandlung wenden.

Strecker & Schröder,
Verlagsbuchhandlung Stuttgart.

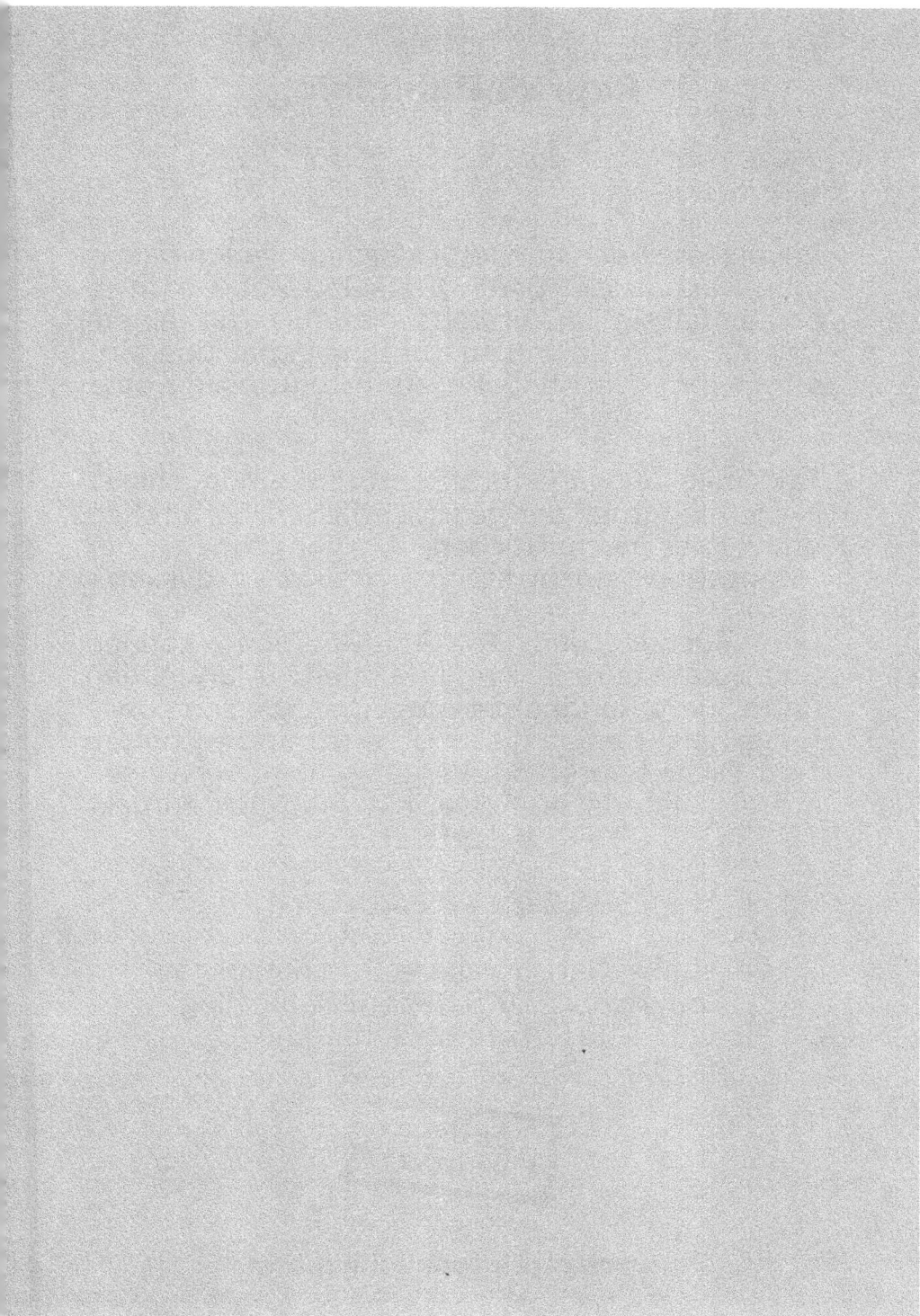

Reprint Publishing

FÜR MENSCHEN, DIE AUF ORIGINALE STEHEN.

Bei diesem Buch handelt es sich um einen Faksi-mile-Nachdruck der Originalausgabe. Unter einem Faksimile versteht man die mit einem Original in Größe und Ausführung genau überein-stimmende Nachbildung als fotografische oder gescannte Reproduktion.

Faksimile-Ausgaben eröffnen uns die Möglichkeit, in die Bibliothek der geschichtlichen, kulturellen und wissenschaftlichen Vergangenheit der Menschheit einzutreten und neu zu entdecken.

Die Bücher der Faksimile-Edition können Gebrauchsspuren, Anmerkungen, Marginalien und andere Randbemerkungen aufweisen sowie fehlerhafte Seiten, die im Originalband enthalten sind. Diese Spuren der Vergangenheit verweisen auf die historische Reise, die das Buch zurück-gelegt hat.

ISBN 978-3-95940-124-1

Made in Germany

www.reprintpublishing.com